C

CUORE

EDMONDO DE AMICIS

Traduction de l'italien,
adaptation et présentation par
Nouchka Quey-Cauwet

Illustrations de Christian Maucler

Larousse

17, RUE DU MONTPARNASSE – 75298 PARIS CEDEX 06

Le présent volume appartient à la dernière édition (revue et corrigée) de cet ouvrage. La date du copyright mentionnée ci-dessous ne concerne que le dépôt à Washington de la *première édition.*

Librairie Larousse (Canada) limitée, propriétaire pour le Canada des droits d'auteur et des marques de commerce Larousse. — Distributeur exclusif au Canada : les Éditions Françaises Inc., licencié quant aux droits d'auteur et usager inscrit des marques pour le Canada.
ISBN 2-03-870254-3

À la fin du XIXe siècle vivait à Turin, non loin du Mont-Blanc une troupe de garçons turbulents. Ils venaient de différentes régions d'Italie, les uns du sud, les autres du nord.

Riches et pauvres se côtoyaient sur les mêmes bancs d'école et apprenaient à vivre ensemble avec l'aide de leur vieux maître monsieur Perboni.

Un journaliste italien, Edmondo De Amicis écouta ces enfants et écrivit leurs aventures en 1886.

Mais cela se passait quelques années avant le début de notre histoire.

Le décor

L'enfance d'Enrico, de Coretti et de leurs camarades s'est écoulée à Turin, capitale de la région du Piémont, située dans le nord de l'Italie. Le Piémont est une plaine où coule le Pô, qui s'étend au pied des plus hauts massifs alpins (le Mont-Blanc, le Cervin). Il sera au

XIXe siècle le principal foyer des luttes devant conduire à l'unité italienne. Jusque-là, l'Italie était divisée, morcelée, convoitée par d'autres pays.

Turin voit, à la fin du XIXe siècle, sa population s'accroître de façon considérable. De nombreux ouvriers et paysans dans la misère affluent, attirés par les industries nouvelles qui viennent de se créer (l'usine automobile Fiat mais aussi les filatures de laine et de coton).

Un peu d'histoire

Dans cette adaptation, le récit commence en 1920. La Première Guerre mondiale vient de se terminer. Elle a coûté à l'Italie 750 000 morts et un million de blessés. Elle apporta aux plus pauvres une aggravation de leurs misères, aux plus riches, les propriétaires de la terre et des usines, de nouveaux marchés et donc de nouvelles possibilités de s'enrichir. Au sortir de la guerre, ces derniers trouveront en Benito Mussolini un ferme soutien pour maintenir leurs privilèges. S'ouvre alors une période noire de l'histoire de l'Italie dominée par Mussolini, qui imposera à son pays une dictature de 1922 à 1944.

Les personnages

Enrico : fils d'un ingénieur, il eut une enfance heureuse dans une famille bourgeoise qui prit grand soin de son éducation. Son père essaya de lui communiquer sa passion pour la science et les inventions techniques nouvelles qui se produisaient chaque jour à l'aube du XXe siècle. Le jeune homme qui prend ici la parole est doué d'un rare sens de l'observation. Attentif, réfléchi, il est épris de paix et de liberté.

Coretti : difficile de retrouver dans le jeune homme que vous allez rencontrer, grave, inquiet, luttant désespérément pour un peu plus de justice, l'enfant qu'il fut avec son éternel béret en peau de chat, toujours gai, leste comme un écureuil. Pourtant Enrico ne s'y trompera pas...
Les deux amis évoqueront leurs camarades d'enfance.

Derossi
Crossi
Nelli
Garrone
Coretti
Enrico
Monsieur

Le petit ramoneur
Franti
Muratorino
Stardi
Garoffi
Precosi
Perboni

GARRONE : le plus grand et le plus robuste de la classe... Il montrait sa force pour ne pas avoir à s'en servir. Il était toujours du côté des plus faibles, des plus démunis, défendant les uns, protégeant les autres.

STARDI : petit et ramassé, le cou dans les épaules, grognant sans cesse, ne parlant à personne. Très attentif, il écoutait le maître, les yeux fixes, le front plissé, les dents serrées, vous décochait un coup de pied, toujours sans dire un mot, si vous cherchiez à le distraire. Il parlait et raisonnait comme un adulte. Un jour, il s'est jeté dans une aventure qui bouleversa toute la classe.

GAROFFI : un grand garçon maigre, perpétuellement en train de faire des échanges de plumes, de boîtes d'allumettes, de timbres..., de menus objets les plus divers. Le commerce était sa seule et vraie passion. Du moins le croyait-on.

MURATORINO : « Le petit maçon » à cause du métier de son père. Il avait une figure ronde comme une pomme, un nez épaté. Il portait un petit chapeau mou qu'il tenait chiffonné dans sa poche comme un mouchoir. Vous verrez qu'il avait un talent particulier qui amusait beaucoup ses camarades.

NELLI : un pauvre bossu qui paraissait frêle et délicat.

CROSSI : roux de cheveux, il portait en écharpe un bras paralysé. Il vivait seul avec sa mère, qui était marchande des quatre-saisons. Cette situation lui attira des désagréments.

FRANTI : visage plein d'insolence... Il disait détester l'école, les instituteurs, les camarades, l'autorité. Il tournait en dérision tous les sujets graves. Que cachait cette apparente dureté ?

DEROSSI : le meilleur élève de la classe, celui que l'on citait toujours en exemple. C'était parfois exaspérant !

PRECOSSI : timide et sensible, le regard souvent triste et lointain... Il gardait un secret douloureux.

LE PETIT RAMONEUR : jeune garçon sicilien qui est venu dans le Nord à la recherche d'un travail. Les enfants vont l'aider à sortir d'une situation fâcheuse.

Enrico et Coretti se souviennent des histoires que racontait parfois le maître d'école. Les héros étaient des enfants aussi réels que les camarades de la classe. C'est le cas de Cicillo, ce garçon brun, au visage ovale, aux yeux profonds, qui s'est présenté un jour à la porte d'un hôpital de Naples. Il vivra une histoire très émouvante. Son attitude généreuse fera l'admiration des infirmières et des médecins. C'est le héros du récit intitulé : *l'Infirmier de tata.*

Tu pourras lire trois autres histoires racontées par l'instituteur : *la Vedette lombarde, le Petit Écrivain florentin* et *le Petit Tambour sarde.*

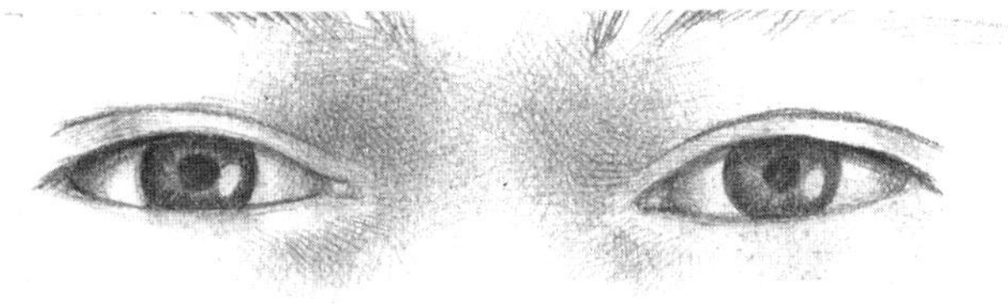

I
Le retour d'Enrico

Enrico se tasse sur la banquette, les poings enfoncés dans les poches de son manteau. Il voudrait que cesse le tremblement de son corps qu'amplifient les secousses du train. Une fois encore, il tente de fixer son esprit sur des images paisibles, rassurantes : il revoit les deux grands sphinx du musée égyptien qui furent à l'origine de sa vocation d'archéologue, le parc Valentino et les rives du Pô, le fleuve bleu-vert le long duquel il s'était si souvent promené en compagnie de ses amis, rêvant ensemble à l'avenir, aux merveilles inconnues qu'ils découvriraient. Dans quelques minutes, ce sera Turin, le terme de son voyage. Le jeune homme frissonne et pense : « Comment vais-je retrouver ma ville bien-aimée après cinq ans d'absence, après cette guerre absurde que j'ai fuie ? » Certains de ses amis, à l'époque, l'avait traité de déserteur mais il s'était expliqué : « Les hommes sont capables de génie, ils créent des œuvres admirables, pourquoi faut-il qu'ensuite ils les détruisent ? Je ne serai pas complice de leur folie. » Le train freine longuement en entrant en gare.

« La guerre est finie, se dit-il, le cœur battant. C'est une ère nouvelle qui commence, une ère de paix, de sagesse, de beauté. Nous allons unir les richesses du passé aux promesses du monde moderne ! »

Il saute sur le quai et marche rapidement vers la sortie. La place Carlo Felice, inondée de soleil, est déserte. Un froid vif frappe l'archéologue au visage. Saisi, il s'arrête, regarde autour de lui : la ville est silencieuse, figée dans une immobilité glacée. Où sont les groupes de travailleurs qui se rendaient joyeusement dans les cafés ? Où sont les cochers qui chantaient des airs d'opéra en attendant les clients et les fiers chauffeurs d'automobiles pétaradantes et les petits crieurs de journaux ? Seuls quelques passants se hâtent, le nez enfoncé dans le col de leur manteau. Enrico avance lentement, étourdi par tant de silence. Soudain, au détour d'une rue, il entend des éclats de voix, le bruit d'une course, des cris : « À mort le rouge ! À mort le rouge ! »

Il se précipite. Il aperçoit un jeune homme poursuivi par cinq autres. Au moment où ce dernier allait être rejoint, il disparaît sous un porche. Ses poursuivants le talonnaient de près. Ils s'engouffrent à leur tour dans le trou resté béant de la porte cochère et puis, plus rien... Intrigué par cette agitation aussi brève qu'inattendue, désireux de comprendre ce qui se passait, il reste immobile, dissimulé par un angle de rue, et observe. Il ne tarde pas à voir ressortir les cinq jeunes gens manifestement bredouilles. « Tu ne perds rien pour attendre, Coretti ! Nous vous aurons ! Nous vous aurons tous ! » lance à la cantonade l'un d'entre eux plein de haine et furieux d'avoir été joué. Puis ils rajustent leur chemise noire, bombent le torse, reprennent la route en sens inverse en faisant claquer leurs bottes sur la chaussée. Ils passent tout près d'Enrico en criant « Vive Mussolini » et s'éloignent. Pendant ce temps, le fugitif avait atteint les toits et semblait les narguer du haut de son perchoir.

« Coretti ! » Le nom prononcé par ces individus a secoué Enrico. « Coretti, j'ai connu un Coretti autrefois. Je me souviens, nous étions enfants, le maître d'école le rappelait souvent à l'ordre parce qu'il rêvait. Il faut que je sache », se dit Enrico en plein désarroi, et il attend... Bientôt le jeune homme, après s'être assuré que la voie était libre, réapparut.

« Vous êtes Coretti ? dit Enrico en s'avançant au-devant de lui.

– Oui, c'est mon nom... Mais comment le savez-vous ? Qui êtes-vous ? »

Enrico scrute ce visage qui lui est étranger et pourtant quelque chose le trouble, le regard peut-être...

« Coretti... le fils du marchand de bois ? » ajoute-t-il.

Coretti hésite, étonné et visiblement inquiet.

« Oui !

– Tu ne me reconnais pas ? Je suis Enrico, Enrico Bottini. Nous étions dans la même classe en 7e, avec Stardi, Garrone, Precossi, le maître monsieur Perboni... Que sont-ils tous devenus depuis si longtemps ?

– Oui, je me souviens maintenant... Mais nous ne pouvons rester ici... Je t'invite à venir dans la chambre où je me cache depuis le début des événements. Là, nous pourrons parler librement. »

Et ils se mettent à marcher, à marcher d'un pas vif à travers les petites rues de Turin, où ils adoraient jouer aux gendarmes et aux voleurs quand ils étaient enfants.

« Les événements, que veux-tu dire ? reprend Enrico. Je ne reconnais pas la ville depuis que je suis sorti de la gare. Tout me paraît insolite, inquiétant.

– Comment, tu ne sais pas ? Mais alors, il y a longtemps que tu as quitté l'Italie ? Dépêchons-nous, les rues ne sont pas sûres. Je te raconterai tout quand nous serons à l'abri des regards et des oreilles indiscrets.

– J'ai quitté l'Italie, il y a cinq ans... En attendant, donne-moi des nouvelles de toi, des autres.

– Garrone a réalisé son rêve. Il conduit une locomotive comme son frère. Stardi, qui nous avait émerveillés autrefois pour son courage, est mort à la guerre. Nous étions dans le même régiment. Monsieur Perboni a pris sa retraite. Je le rencontre souvent depuis la fin de la guerre. Quant à moi, l'école terminée, j'ai rejoint mon père dans son hangar et j'ai travaillé avec lui jusqu'à la guerre. Ma mère n'a pas tardé à nous quitter. Elle était malade, tu t'en souviens ? Et toi, comment se fait-il que tu nous aies abandonnés pendant si longtemps ?

– J'ai continué mes études ici tout d'abord puis à Milan et à Rome pour devenir archéologue. À la déclaration de la guerre, j'ai choisi l'exil. Je n'imaginais pas te retrouver, retrouver ma ville, mon pays dans un tel climat d'incertitude.

– Nous sommes arrivés. »

Une cour un peu sombre, dans le fond un escalier... Ils montent jusqu'au dernier étage. Coretti ouvre une porte et les deux garçons entrent dans une chambre mansardée. Le sol est jonché d'affiches, de tracts, de livres, de journaux. Une lucarne, dans le toit, laisse filtrer un peu de lumière. « Voilà mon refuge... » Tout en préparant du café, Coretti poursuit : « Les vauriens que tu as croisés tout à l'heure sont les partisans de Mussolini. Ils se sont donné pour mission de rétablir l'ordre et cassent la figure à tous ceux qui ne sont pas de leur avis. Ils m'ont déniché à la Fiat alors que nous allions déclencher une grève. Je l'ai échappé belle.

– Je commence à comprendre... Tu ne travailles plus avec ton père ?

– Mon père est mort dans la misère. Il a dû pendant la guerre fermer la boutique, faute de marchandises. Plus la moindre bûche à vendre ! La dernière fois que je l'ai vu vivant, c'est le jour de la mobilisation. Il était fier de me voir habillé en soldat, prêt comme lui quelques années auparavant à défendre notre patrie. Il ne comprenait pas les jeunes qui, comme toi, refusaient cette guerre. Moi non plus d'ailleurs. Depuis, j'ai bien changé. Quelques instants avant le départ, sur le quai de la gare, il a glissé quelque chose dans la poche de ma veste, quelque chose qui devait me porter chance selon lui. C'était sa médaille, celle qu'il avait gagnée à Custoza. »

Coretti fouille dans sa poche et sort cette décoration désuète :

« Tu t'en souviens ?

– Oui, ton père l'arborait le jour de la venue du roi Umberto à Turin. Il avait voulu que ce soit pour nous tous un jour de fête. Je vous revois, toi et ton père, tous deux sur la place dès dix heures du matin. Vous m'attendiez. Je

fonçai vous rejoindre. Ton père avait épinglé ses décorations sur sa veste, non sans avoir pris soin d'isoler, pour la mettre en évidence, la médaille de Custoza. Ses moustaches recourbées et effilées se dressaient, frémissantes comme l'herbe nouvelle au printemps. Nous partîmes aussitôt en direction de la gare, où le roi devait arriver à dix heures et demie. Ton père fumait sa pipe et se frottait les mains.

“Savez-vous, disait-il, que je ne l'ai pas revu depuis la guerre de 1866 ?”

Il parlait du roi en le nommant Umberto comme s'il s'agissait d'un ami.

“Je suis vraiment ému de le revoir. Je l'ai quitté prince, je vais le retrouver roi ! Et moi aussi, j'ai changé. De soldat que j'étais, me voici maintenant marchand de bois et de charbon !...” Et il se mit à rire.

Nous arrivâmes sur le *corso* Vittorio Emmanuel. Beaucoup de gens se dirigeaient vers la gare. Nous avions déjà croisé une compagnie de chasseurs alpins qui défilait au son du clairon et deux carabiniers à cheval qui passèrent au galop. Tout cela ne troublait en rien ton père qui poursuivait son récit.

“Oui, vraiment, cela me fait quelque chose de revoir mon ancien général. Il me semble que c'était hier que, le sac sur le dos, le fusil à la main, dans un tumulte grandissant, nous abordions cette matinée du 24 juin 1866 à Custoza. Umberto allait et venait avec son état-major, on entendait le canon tonner au loin. Chacun se disait : *Pourvu qu'il n'y ait pas une balle perdue pour lui !* J'étais à mille lieues de penser que bientôt j'allais me trouver à quelques pas de lui face aux lances des ulhans autrichiens."

Nous approchions de la gare. La foule commençait à être de plus en plus dense. Très vite, toi et moi, nous avons grimpé sur un mur pour dominer l'assistance tandis que ton père arrivait à se glisser au premier rang.

Le carrosse avance lentement, précédé par les clameurs de la foule. Arrivé à sa hauteur, ton père parvient à tromper l'attention des soldats et s'approche du carrosse en criant : "Vive le dernier carré du 49e !" Le roi se retourne à ce cri et, examinant l'homme qui était devant lui, se penche et lui tend la main. Puis le carrosse s'éloigne... Ton père, le visage ému, revint vers nous et passa doucement sa main sur ma joue puis sur la tienne.

"C'est une caresse du roi, murmura-t-il."

La cérémonie terminée, nous sommes retournés chez toi, où ta mère nous attendait pour le déjeuner. C'était quelques mois avant qu'elle ne tombe malade. Deux autres camarades s'étaient joints à nous : Garrone et Precossi. Ta mère avait disposé les victuailles sur une table dans le jardin : des tranches de polenta, du salami, des anchois, du gorgonzola et pour le dessert un panettone sans oublier, trônant au milieu de la table, une fiasque de vin léger et pétillant. C'était un vrai festin ! Pendant le repas, ton père reprit le récit de cette fameuse journée du 24 juin 1866 à Custoza. Tu lui avais demandé si le prince Umberto avait son sabre à la main quand il était entré dans le carré du 49ᵉ.

"Bien sûr, avait-il répondu, il fallait être prêt à parer un coup de lance qui pouvait l'atteindre comme n'importe qui d'autre. Ah ! les démons déchaînés ! Les ennemis s'abattaient sur nous comme animés par la colère de Dieu. Ils tournaient autour des groupes, des carrés, des canons avec la force d'un ouragan. C'était une mêlée inextricable et confuse de cavaliers d'Alexandrie, de lanciers de Foggia, de fantassins, de ulhans, de bersaglieri. Tout à coup, j'entends crier : *Altesse, Altesse !* et je vois fondre sur nous un faisceau de lances baissées ; nous déchargeons nos fusils. Pendant un bref instant, tout disparaît dans un nuage de poussière. Puis le nuage se déchire et laisse apparaître un sol couvert de morts et de blessés. Je me retourne et, derrière moi, je vois le prince Umberto, à cheval, regardant tranquillement autour de lui, avec l'air de demander : *Mes enfants n'ont pas d'égratignures ?* Nous avons tous hurlé comme des fous. Hourra ! Hourra ! Vive le dernier carré du 49e !"

Puis nous avons mangé le gâteau et bu le vin à la gloire de ces valeureux soldats.

Au milieu des éclats de rire, Garrone déclara en s'adressant à toi : "Ton père a été un héros comme la petite vedette lombarde."

Ton père voulut savoir qui était cette vedette. C'était une histoire qu'un jour le maître d'école nous avait racontée. »

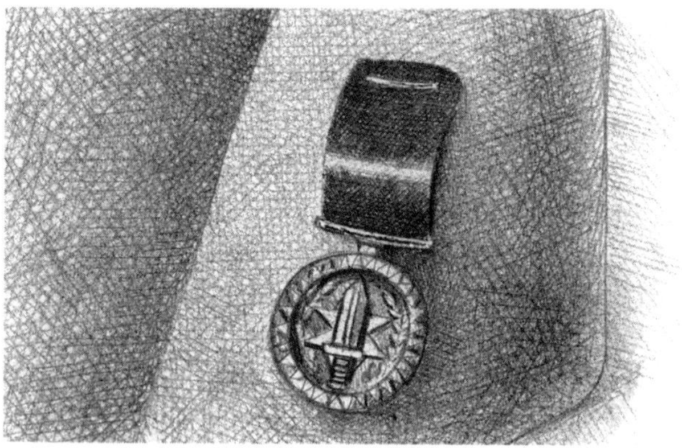

La petite vedette lombarde

« C'ÉTAIT en 1859, pendant la guerre de libération de la Lombardie. Par une belle matinée, un petit groupe de cavaliers italiens suivait un sentier solitaire en direction de l'ennemi et explorait attentivement la campagne. Ils arrivèrent près d'une ferme entourée de frênes devant laquelle se trouvait un garçon d'une dizaine d'années. La maison était vide. Les paysans s'étaient enfuis par peur des Autrichiens. À la vue des cavaliers, le garçon se leva pour les saluer. C'était un beau garçon aux cheveux blonds, au visage hardi, éclairé par de grands yeux bleus.

“Que fais-tu ici ? lui demanda l'officier en arrêtant son cheval. Pourquoi ne pas avoir fui avec ta famille ?

– Je n'ai pas de famille. Je suis un enfant trouvé. Je travaille dans les fermes. Je suis resté pour voir la guerre.

– As-tu vu passer des soldats autrichiens ?

– Non, pas depuis trois jours.”

Repérant un frêne très haut, balançant sa cime légère dans l'azur, l'officier demande à l'enfant :

"Pourrais-tu monter à la cime de cet arbre et me dire ce que tu vois de là-haut ?

– Certainement.

– Que veux-tu pour me rendre ce service ?

– Ce que je veux ? rien, dit-il en riant. Si c'était pour les Autrichiens, à aucun prix, mais pour nos soldats... Je suis Lombard !

– Bien, alors va.

– Un instant, que j'enlève mes chaussures."

Puis l'enfant s'élança et grimpa comme un chat. Arrivé à la cime de l'arbre, les pieds perdus dans les feuillages mais le buste découvert, il regarda au loin droit devant lui, comme le lui avait demandé l'officier et lui cria :

"Je vois deux hommes à cheval sur la route environ à mille ou douze cents pas. Ils se sont arrêtés.

– Regarde à droite. Que vois-tu encore ?

– Près du cimetière, je vois des choses qui brillent. Cela pourrait être des baïonnettes.

– Vois-tu des gens ?

– Non, ils sont sans doute cachés dans les blés."

À ce moment, le sifflement aigu d'une balle déchira l'air et alla mourir loin derrière la maison.

"Descends vite, cria l'officier, tu as été repéré.

– Je n'ai pas peur, répondit l'enfant.

– Descends, je te dis !

– Vous ne voulez pas savoir ce qu'il y a à gauche ?"

À gauche... Un autre sifflement se fit entendre.

"Cette fois, elle n'est pas passée loin, murmura l'enfant. Vite ! À gauche, je vois les uniformes blancs..."

Une troisième balle siffla et, au même instant, on vit l'enfant dégringoler de l'arbre en se retenant au tronc et aux branches puis tomber la tête la première, les bras ouverts. Il resta cloué au sol, étendu sur le dos, les bras en croix. Un filet de sang s'échappait de sa poitrine.

Un soldat, se penchant sur le bord d'un ruisseau qui coulait à cet endroit, arracha quelques fleurs et les jeta sur le corps de l'enfant. Puis les cavaliers s'éloignèrent sans bruit. On eût dit qu'ils ne voulaient pas troubler son sommeil."

C'est ton père qui, le premier, brisa le silence qui suivit le récit.

"Bravo, petit Lombard ! Oui, c'est cela, nous étions prêts à donner notre vie pour notre patrie et nous étions fiers d'être animés par un tel sentiment.

– C'est injuste, ai-je répliqué. Je n'aurais pas voulu mourir si jeune."

Le visage de ton père se rembrunit et il garda le silence jusqu'au moment de la séparation. Ma réflexion l'avait troublé et affecté. »

Coretti avait écouté, les yeux parfois brillants de larmes. Maintenant, la lumière décline. Coretti se lève, change de vêtements, rassemble quelques papiers et se prépare à sortir.

« Il faut que je retourne à l'usine auprès de mes camarades. Je reviendrai tard dans la nuit. Surtout ne bouge pas d'ici. Si l'on te découvrait, tu serais aussitôt jeté en prison. Les fascites n'aiment pas les pacifistes. Pour eux, ce sont des traîtres et des lâches. Je vais voir avec mes amis ce que l'on peut faire pour toi. À tout à l'heure. »

La porte se referme. Les pas de Coretti s'éloignent. Enrico sent une douleur dans sa poitrine. Ses rêves s'écroulent. « Je suis prisonnier dans mon propre pays. Serai-je une nouvelle fois contraint de fuir ? Heureusement qu'il y a Coretti ! Je l'ai retrouvé avec sa générosité qu'il avait déjà enfant. Souvent à l'époque, on le considérait comme le plus courageux de nous tous. »

Enrico s'installe sur le lit de son ami d'enfance. Enfermé dans la chambre, sa mémoire reste libre. Avec bonheur, les souvenirs resurgissent.

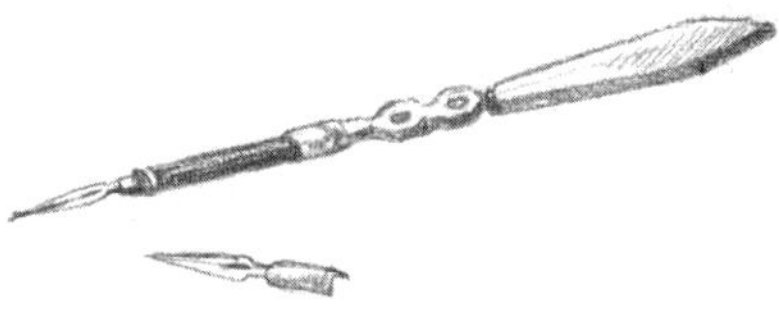

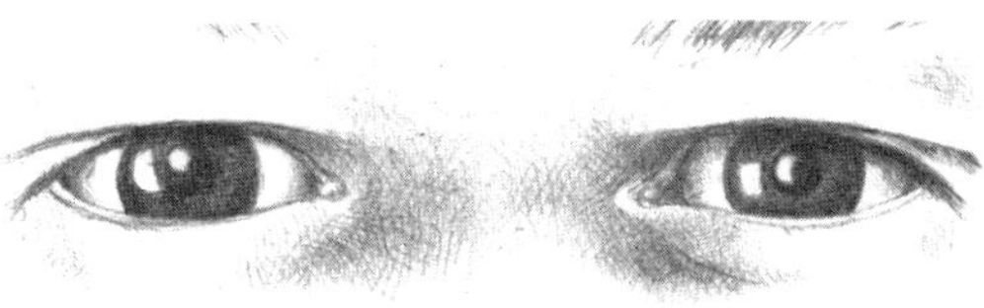

II
Coretti et les autres

La joie de vivre de Coretti enfant, son visage rayonnant et amical qui semblait nous dire « le bonheur, je ne peux le garder pour moi seul ! À qui et comment le donner ? » cachaient des conditions de vie qui étaient devenues, au fil des jours, de plus en plus difficiles. J'ai découvert la réalité un dimanche, par hasard, alors que je me promenais sur les boulevards avec le fils aîné du concierge de notre immeuble. Comme nous passions près d'une charrette arrêtée devant une boutique, je m'entendis appelé. Je me retournai. C'était Coretti, avec son éternel béret en peau de chat. Il était essoufflé mais joyeux, ployant sous une charge de bois.

« Que fais-tu ? lui demandai-je, surpris.

– Tu le vois bien, me répondit-il en tendant ses bras pour saisir une bûche au passage. Je travaille tout en récitant mes leçons. »

Je me mis à rire. Mais Coretti parlait sérieusement. Les bras chargés, il se dirigea vers la boutique en psalmodiant : « On appelle accidents du verbe... heu !... ses variations selon le nombre... la personne... »

Et jetant le bois en tas, dans un coin du hangar :

« ... et le temps... »

Puis s'approchant à nouveau de la charrette pour prendre un autre chargement de bois :

« ... selon la façon dont s'énonce l'action. »

C'était notre leçon de grammaire pour le lendemain.

« Que veux-tu, me dit-il, lorsqu'il eut un instant de répit. Mon père et le commis sont partis livrer, ma mère est malade, il faut bien que quelqu'un décharge. Pendant ce temps, je révise mes leçons. Celle d'aujourd'hui est difficile. Je n'arrive pas à me la fourrer dans le crâne... Entre un moment dans la boutique. »

C'était une sorte de hangar plein de bois : des bûches, des fagots, de menues brindilles entassés le long du mur, avec au fond, dans un angle, un tas de boulets de charbon retenus par deux planches et à côté une énorme balance. On traversa pour arriver dans une petite pièce, derrière le hangar qui servait de cuisine et de salle à manger, avec dans un coin, une table chargée de livres et de cahiers. C'était là que Coretti faisait ses devoirs. Un cahier ouvert, un devoir inachevé...

« Tu vois, me dit-il, j'ai laissé ma phrase en l'air. » Comme il faisait mine de s'asseoir, une voix dans la boutique appela.

« Il n'y a personne ?

– Voilà ! voilà ! » s'écria Coretti en sautant de sa chaise. Il pesa le petit bois, encaissa l'argent de la cliente et revint à son travail.

« Voyons un peu si je vais pouvoir finir ma phrase... lança-t-il à la cantonade.

– Et mon café, je suis sûre que tu l'as encore laissé bouillir, dit une voix un peu enrouée mais sans acrimonie, qui venait d'une pièce voisine.

– Non, non ne t'inquiète pas maman ! »

Il se précipita vers le fourneau pour enlever la cafetière et prépara une tasse de café pour sa mère.

« Cela fait un mois, maintenant, qu'elle est malade, me dit-il en baissant la voix. Les jambes refusent de la porter...

Voilà, le café, maman. Enrico est venu nous rendre visite.

– C'est gentil de venir voir les malades », dit-elle en souriant (et elle m'offrit un

morceau de sucre). Coretti arrangea les oreillers de la malade, tira la couverture, remit un morceau de bois dans le feu.

« Le bois est déchargé, dit Coretti. À quatre heures, je mettrai la viande à bouillir comme tu me l'as demandé et, quand la marchande de beurre passera, je lui donnerai ses huit sous. Et tout ira bien. »

Il reprit la tasse... À peine étions-nous arrivés dans la cuisine qu'on entendit le crissement des roues d'une charrette sur le pavé et la voix du conducteur stoppant l'attelage.

« Encore une livraison de bois, dit Coretti. Cette fois, je ne peux plus rester avec toi. Il faut décharger la charrette. Au revoir, à demain. Bon retour. »

Il courut charger sur son dos le premier sac et repris ses allées et venues entre la charrette et le magasin, l'air toujours aussi vif et de bonne humeur.

Les images se brouillent.

Coretti, Franti, Precossi, Garrone, Garoffi, Stardi...

Ses noms plus précieux que des images résonnent dans ma tête endolorie. Que sont-ils devenus aujourd'hui, tous ces enfants dont les cris et les rires ont traversé l'épaisseur du temps ? Certains sont morts à la guerre, et les autres ? Il ne reste que les souvenirs qui viennent peupler ce moment de silence et de solitude. Les noms se pressent dans ma mémoire, s'appellent, s'évitent, se heurtent, se frôlent. Certains s'imposent avec obstination comme celui-ci, par exemple : Stardi... Stardi...

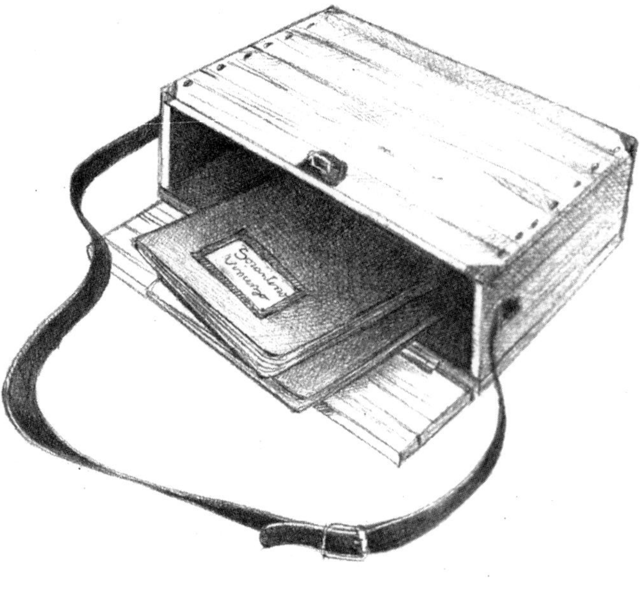

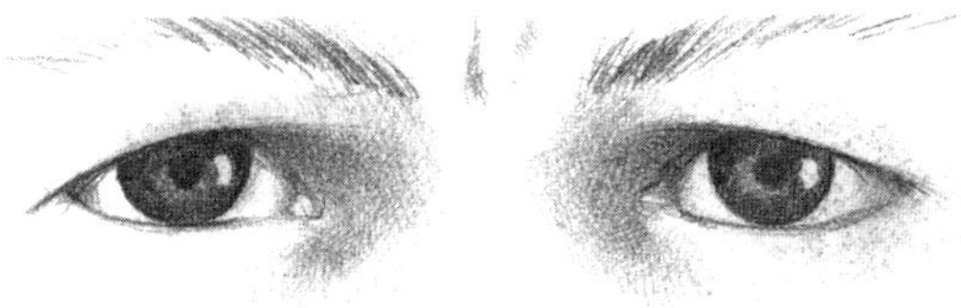

Stardi

Je vois surgir de l'ombre la silhouette d'un petit garçon, ramassé, la tête dans les épaules, très attentif, le front plissé, les yeux fixes.

Je le revois le nez collé à la vitrine d'une librairie. Il était tellement absorbé qu'il n'avait pas remarqué le brouhaha qui avait progressivement envahi les rues de Turin. Pourtant les sirènes des usines avaient retenti annonçant la fin de la journée et leur fermeture prochaine. Des groupes de garçons et de filles de notre âge arrivaient en riant et en chantant. Ils savouraient le bonheur d'être libres et semblaient décidés à oublier pendant quelques instants le travail dur et souvent fastidieux qu'ils accomplissaient chaque jour.

Il ne m'avait pas davantage entendu approcher et sursauta quand je lui demandai :

« Eh bien, que fais-tu là ?

– J'apprends la géographie », me répondit-il gravement.

Il était fasciné par une carte du monde exposée dans la vitrine.

Depuis quelque temps, Stardi, que tout le monde croyait un peu lent d'esprit et assez indifférent, s'était mis à travailler avec acharnement partout, à l'école, à la maison, dans la rue, presque jour et nuit. En classe, il buvait les paroles du maître, décochant des coups de pied furieux à ceux qui cherchaient à le distraire. Un changement d'attitude aussi radical restait pour nous tous inexplicable. Le mystère fut éclairci pour moi ce jour-là. Je le raccompagnais jusque chez lui. Chemin faisant, Stardi me raconta son histoire.

Sa famille était de Gênes. Alors qu'il était tout petit garçon, elle était venue s'installer à Turin, où son père avait trouvé du travail à la Fiat. Quelques mois après leur arrivée, il fut immobilisé pendant de longues semaines par un accident du travail. Puis ce fut le chômage et son cortège de misères. Sa mère décida de partir à Buenos Aires, en Argentine. À cette époque, il n'était pas rare de voir des femmes s'expatrier ainsi. Grâce aux gages élevés que l'on donnait là-bas aux serviteurs, elles pouvaient faire vivre leur famille. À peine arrivée à Buenos Aires, elle avait trouvé du travail. Pendant deux ans, elle donna régulièrement de ses nouvelles, envoya de l'argent tous les trimestres. De son côté, le père avait retrouvé un emploi.

Maintenant les dettes étaient remboursées. Tout le monde espérait la fin prochaine de la séparation. Mais, à nouveau, l'horizon devait s'obscurcir. Depuis un an, le silence s'était installé entre les deux continents. Les lettres envoyées à Buenos Aires restaient sans réponse. Le père de Stardi s'était adressé au consul d'Italie de la capitale argentine, mais celui-ci ne put lui fournir de renseignements concernant sa femme. Stardi en conçut un immense chagrin. Un soir, il fit part à son père de sa résolution :

« Je vais partir en Amérique chercher maman. »

Son père baissa la tête et ne répondit pas, tant une telle pensée lui parut folle. « Un voyage comme celui-ci se prépare. Il faut savoir beaucoup de choses avant de l'entreprendre. Tu es trop jeune. »

Les objections, Stardi les avait prévues, les arguments pour convaincre son père, aussi.

« J'embarquerai à Gênes sur un gros navire. La traversée durera un mois. Je travaillerai à l'entretien du paquebot ou aux cuisines pour payer mon passage. Là-bas, il y a suffisamment d'émigrés italiens qui accepteront de m'aider dans mes recherches. Du travail, il y en a pour tout le monde. Je n'aurai pas de difficulté à gagner ce dont j'aurai besoin pour vivre et me déplacer dans ce pays aussi longtemps qu'il le faudra. »

Il parvint à persuader son père. Il pourra partir s'il réussit ses examens. Cette idée le réconforta et atténua sa peine. Le jour de l'examen approchait, Stardi était anxieux. Il redoubla ses efforts. « Ou je réussirai, ou je mourrai », se disait-il. À l'école, il ne cessa d'apprendre. Pendant la récréation, on le voyait lire, refermer son livre, lever les yeux au ciel, réciter par cœur et recommencer ainsi son manège, sous l'œil amusé de ses compagnons, sans se décourager.

J'avais raconté à Coretti le rêve fou de Stardi. Nous avons décidé de l'aider.

Le soir, à la sortie, Coretti s'approcha de Stardi et lui demanda :

« Alors, où en es-tu ? As-tu fini tes révisions ?

– Oui, presque, répondit-il. En histoire et en géographie j'ai appris tous les résumés par cœur. Posez-moi une question, vous allez voir. »

Nous nous sommes arrêtés quelques instants dans un square. Coretti feuilletait son cahier...

« Tiens, parle-nous de Cavour.

– Cavour, né à Turin en 1810, mort dans cette ville en 1861, a été pendant plusieurs années le Premier ministre du Piémont. C'est lui qui redonna du panache à notre armée en l'envoyant combattre en Crimée au côté des Anglais et des Français ; c'est lui qui a réussi à convaincre les Français de l'aider à chasser les Autrichiens de Lombardie ; enfin c'est lui qui fut l'artisan de l'unité de notre patrie au service de laquelle il mit toute son intelligence, son énergie et sa volonté. »

Stardi a débité, en prenant à peine le temps de respirer, tout le texte que nous avait dicté le maître. Après cette belle performance,

Stardi garda le silence quelques instants. Il semblait préoccupé.

« Qu'est-ce qui t'inquiète ? demanda Coretti. C'est parfait !

– C'est l'arithmétique. J'ai beau répéter tous les jours les tables de multiplication, il n'y a rien à faire. Les mots restent gravés dans ma mémoire tandis que les nombres dansent, font la sarabande et s'envolent.

– Réfléchissons, dit Coretti, il y a sûrement une solution. »

Les examens commencèrent. Stardi réussit bien les épreuves écrites. Restaient maintenant les interrogations orales. Notre mise en scène était bien au point. Nous avions, Coretti et moi, pris place sur le banc au fond de la salle d'examen. Coretti représentait les dizaines et moi les unités. À chaque question, nous faisions des signes pour composer la réponse. Nous nous frottions le front avec un, deux ou plusieurs doigts suivant la question de l'examinateur. Stardi réfléchissait en regardant de notre côté puis répondait.

– C'est bien, dit l'inspecteur. Passons à l'histoire maintenant. J'espère cependant que vous serez un peu plus rapide. Voyons... parlez-nous de Garibaldi.

Ses vœux allaient être comblés. Stardi s'élança :

« Né à Nice en 1807, il était fils d'un marin d'origine génoise. Pendant dix ans, il combattit en Amérique au côté des opprimés au Brésil puis en Uruguay. De retour en Italie, il lutta contre les Autrichiens pour la libération de la Lombardie, défendit Rome... libéra Palerme... Naples... »

Sa voix se perdit dans un épais brouillard qui m'avait permis de fuir et me réfugier dans les contrées du rêve.

Il récitait telle une mécanique admirablement bien réglée. Je ne l'écoutais plus.

Le jour de la proclamation des résultats arriva. L'inspecteur remit à Stardi la seconde médaille, le premier de la classe après Derossi. Tout le monde en était émerveillé.

« Bravo, Stardi ! La persévérance vient à bout de tout », dit l'inspecteur en lui serrant la main. Stardi garda un visage grave, le regard éloigné comme s'il nous avait déjà quittés.

Un beau soir d'avril, Stardi s'embarqua sur un navire en partance pour l'Argentine. Nous avons suivi ses recherches à travers les lettres qu'il nous adressa à Coretti et à moi régulièrement. Sa route fut parsemée d'embûches et on le sentit à plusieurs reprises au bord du découragement.

Il y eut d'abord le voyage. Pauvre Stardi ! Malgré sa très grande volonté et son désir très fort de mener à bien son entreprise, quand il vit s'estomper à l'horizon les murs de la ville de Gênes, il chancela et resta accroupi deux jours à l'avant du bateau sans pouvoir ni manger ni dormir, la gorge nouée. Il se sentait très seul parmi ces émigrants qui avaient envahi le bateau. Pour la plupart, c'étaient des paysans venus du sud de l'Italie, qui s'exprimaient dans une langue qu'il ne comprenait pas. Toutes sortes de pensées nostalgiques lui traversaient l'esprit.

Il retrouva un peu de courage et d'espoir quand le bateau dépassa le détroit de Gibraltar et se retrouva au milieu de l'océan Atlantique. Il fut fasciné par les couchers de soleil qui transformaient l'océan en mer de lave. Il fit la connaissance d'un vieux paysan lombard qui partait rejoindre son fils établi à Rosario. Sa présence, quelques paroles chaleureuses le consolèrent. Il débarqua à Buenos Aires, vingt-sept jours après son départ. Dans le port, il montra à un docker italien le papier sur lequel étaient inscrits le nom et l'adresse des patrons de sa mère.

« Sais-tu lire ? lui demanda l'ouvrier.

– Oui, répondit le jeune garçon.

– Eh bien, marche droit devant toi, et en lisant à tous les coins de rues les noms de celles-ci, tu finiras par trouver la rue Los Artes que tu cherches. »

C'est ce qu'il fit. La rue fuyait à perte de vue, bordée de chaque côté de maisons basses et blanches. Il avançait le cœur battant, en murmurant : « Maman, maman, est-il possible que dans quelques minutes je sois auprès de toi. »

Il parcourut très vite la distance qui le séparait du 117 de la rue Los Artes et s'arrêta devant une belle grille en fer forgé. Il sonna. Une jeune fille apparut.

« Suis-je bien chez monsieur et madame Mequinez ? demanda Stardi.

– Ils habitaient ici effectivement, mais ils sont partis, il y a maintenant près de deux ans, après nous avoir vendu leur maison, répondit la jeune fille.

– Où sont-ils maintenant ?

– À Cordova. »

Première déconvenue. Cordova était éloignée d'une centaine de kilomètres de Buenos Aires. Comment allait-il pouvoir se rendre dans cette ville alors qu'il n'avait plus d'argent ? Entre-temps, le père de la jeune fille était arrivé. Touché par le désarroi de ce jeune garçon, il réfléchit quelques instants et lui proposa de l'aider. Il le recommanda à un de ses amis qui l'emmena jusqu'à Rosario. Là, il retrouva le paysan lombard avec qui il s'était lié d'amitié sur le bateau. Ce dernier organisa une collecte d'argent et de vivres parmi ses compatriotes. Stardi put ainsi poursuivre son voyage en train jusqu'à Cordova. Là, il chercha une maison près de l'église où la famille Mequinez avait choisi de vivre. Malheureusement, Stardi apprit qu'elle avait fait un très court séjour dans ce lieu. Monsieur Mequinez avait dû très vite repartir avec les siens pour un nouveau chantier à Tucunam. Nouvelle déception pour Stardi. Un marchand de bétail qui devait conduire son troupeau à une ferme proche de cette ville lui proposa de l'emmener en échange de quelques services.

C'est ainsi que Stardi se retrouva assis sur un char tiré par six bœufs. Chaque matin, dès l'aube, le convoi s'ébranlait. Des *peones*

l'accompagnaient à cheval et stimulaient les bœufs en les piquant avec de longs aiguillons. Stardi, lui, était chargé d'allumer le feu, de donner à manger aux bêtes, de nettoyer les lanternes et d'aller chercher de l'eau. Mais les *peones* étaient durs, ils traitaient l'enfant en serviteur. Ils l'obligeaient à parcourir de grandes distances pour trouver de l'eau, lui faisaient porter des charges de fourrage très lourdes. Il était parfois si fatigué qu'il ne pouvait plus dormir. La fin du voyage fut d'autant plus pénible qu'un vent violent s'était levé, soulevant une poussière rouge et grasse qui s'infiltrait partout, brûlant les yeux et la bouche. Stardi suffoquait. Accablé de fatigue, grondé, brusqué du matin au soir, les vêtements en lambeaux, il se serait découragé sans la présence du marchand. Celui-ci était différent des autres. De temps en temps, il s'approchait de l'enfant, le gratifiait d'un sourire, d'un geste amical, de quelques bonnes paroles.

Mais le plus terrible se produisit le jour où le marchand annonça à Stardi qu'il s'arrêtait avec son troupeau à Santiago et qu'il devrait poursuivre seul le voyage. Quand les chemins se séparèrent, il regarda les chars disparaître

dans un nuage de poussière rouge et se mit en route tristement. Une seule chose le réconfortait dans ce paysage désertique et d'une grande monotonie ; une chaîne de montagnes bleues aux cimes blanchies qui se dressait à l'horizon et lui rappelait les Alpes. C'étaient les Andes, l'épine dorsale du continent américain qui s'étend de la Terre de Feu jusqu'aux régions glacées du pôle arctique. Après trois jours et trois nuits de marche presque ininterrompue, Stardi arriva à Tucunam, couvert de poussière, exténué mais plein d'espoir. Un commerçant italien lui indiqua le chemin pour se rendre chez les Mequinez. Il fallait sortir de la ville ; sur la rive droite du Saladello, il verrait une usine en construction, près du chantier, un groupe de maisons parmi lesquelles se trouvait celle des Mequinez. Sans perdre un instant, il repartit, rassemblant le peu de force qui lui restait. Il suivit une route longue et droite, bordée de maisons basses disparaissant derrière une végétation luxuriante et parfumée. La lumière, ce matin-là, était pure, le ciel limpide et profond comme il ne l'avait jamais vu depuis qu'il avait quitté l'Italie. Quelques heures de marche, et puis enfin le chantier, les maisons, la maison de Mequinez. Il s'arrêta quelques instants devant la porte d'entrée, les jambes tremblantes. Il ferma les yeux, respira profondément pour combattre l'angoisse qui brusquement étreignait son cœur et le laissait là figé, incapable de faire un geste, de prononcer une parole. Il ne savait pas que, dans cette maison, sa mère se mourait. Malade depuis son arrivée à Tucunam, des douleurs atroces provoquées par une fièvre inexplicable lui arrachaient parfois des cris déchirants. La nuit qui venait de s'écouler avait été terrible pour la malade. Anéantie, défaite, le visage déformé par la souffrance, elle s'abîmait dans un profond désespoir et les images du passé ressuscitaient dans son délire.

« Je vais mourir, mourir sans revoir ma famille, sans revoir mon fils, c'était un si bon petit ! Je ne pouvais pas le détacher de mon cou quand je suis partie. De grosses larmes silencieuses inondaient son visage comme s'il comprenait qu'on ne se verrait plus. Mon pauvre petit. Mon enfant... Gênes... et toute cette mer ! Il m'appelle à son secours... Vite, mes vêtements... j'arrive.... le pauvre petit ! »

Le médecin de Tucunam, un jeune Argentin qui était arrivé depuis quelques minutes au chevet de la malade, lui saisit la main et lui parla doucement pour l'apaiser. Il ne savait plus que faire. Ses forces déclinaient. Elle ne s'alimentait plus. Son sommeil était agité. Aucun médicament ne parvenait à combattre cette fièvre qui la dévorait...

La cloche de la porte d'entrée retentit.

On entendit dans la pièce voisine un bruit de pas pressés, un murmure de voix rapides, d'exclamations contenues. Quelques minutes plus tard, madame Mequinez entra dans la chambre de la malade ; elle semblait bouleversée.

« Josepha, dit-elle d'une voix tremblante d'émotion, j'ai une bonne nouvelle pour vous... une nouvelle qui va vous remplir de joie. »

La malade lui jeta un regard sans expression.

« Préparez-vous à revoir une personne que vous adorez. »

Josepha leva la tête et regarda fixement du côté de la porte. Stardi, déchiré et sale, apparut et resta immobile sur le seuil. Josepha s'écria :

« C'est lui ! C'est lui ! »

Stardi s'élança. Elle lui tendit deux bras amaigris et le serra sur son cœur. Tout son corps tremblait. Elle lui couvrait la tête de baisers. Elle pleurait et prononçait des paroles douces en italien : « Il mio caro bambino, è bello, è bellissimo. » Puis, épuisée par

l'émotion, elle desserra son étreinte et retomba lourdement sur l'oreiller. Le garçon cria :

« Venez vite, elle est en train de mourir ! »

Le médecin s'approcha du lit, examina la malade, passa la main sur son front puis se redressa sans rien dire.

« Eh bien, docteur ?

– C'est extraordinaire, la fièvre est tombée, elle dort, elle dort paisiblement. »

Stardi veilla sa mère nuit et jour. Elle resta plongée dans un profond sommeil pendant deux jours et deux nuits. Quand elle s'éveilla, elle était très faible mais guérie. Stardi la soigna avec beaucoup de patience et de tendresse. Ses forces revinrent petit à petit. Cependant, il fallut encore attendre deux longs mois avant de pouvoir penser au voyage de retour.

Enrico se lève du lit, fait quelques pas dans la chambre, s'assied près de la lucarne. D'autres noms plus doux lui parviennent comme en écho : Garrone, Garoffi, Precossi... Ils sont si lointains, comme noyés dans la brume, ils glissent dans sa mémoire. Comment les retenir ? Il les appelle : « Garrone, Garrone », répète-t-il.

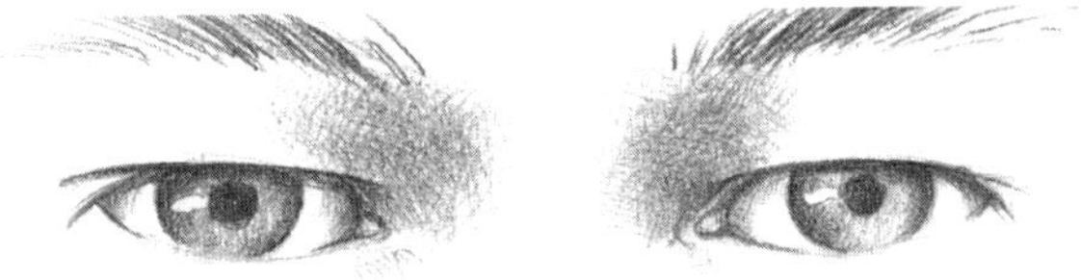

Garrone

Garrone, ce grand gaillard, le dos voûté et les genoux serrés dans son banc un peu trop petit pour lui, je l'aimais bien. Il avait commencé l'école plus tard que les autres parce qu'il avait été malade pendant deux ans. Il avait toujours faim. On le voyait sans cesse dévorant un morceau de pain qu'il sortait de sa poche ou de son cartable. Il me faisait sourire avec ses vêtements toujours trop justes – il grandissait vite – ses cheveux presque ras, ses grosses chaussures et son foulard noué autour du cou comme une ficelle.

Un jour, nous avons vu jusqu'où pouvait aller sa générosité. J'étais un peu en retard ce matin-là quand j'entrai dans la classe. Le maître n'était pas encore arrivé. Quatre enfants profitaient du brouhaha pour se moquer de Crossi, un gamin malingre aux cheveux roux, celui qui portait en écharpe un bras paralysé, qui vivait seul avec sa mère, la marchande des quatre-saisons. Ils l'agaçaient avec leurs règles, lui jetaient à la figure des écorces de châtaignes, le traitaient de monstre estropié en le contrefaisant. Lui, seul au bout du banc, livide, atterré, regardait tantôt l'un, tantôt l'autre avec des yeux suppliants afin qu'on le laissât tranquille. Mais ils continuaient à le tourmenter de plus belle, si bien qu'il commença à trembler et devint rouge de colère. Tout à coup, Franti, avec son air fourbe, monta sur un banc et, faisant semblant de porter un panier à chaque bras, singea la mère de Crossi, quand elle venait attendre son fils à la porte de l'école. À la vue de cette pantomime, les autres éclatèrent de rire. Crossi, blessé, perdit la tête, saisit un encrier, visa Franti et l'envoya de toutes ses forces ; mais Franti l'esquiva d'un brusque mouvement de recul et l'encrier alla frapper en pleine poitrine le maître qui entrait à ce moment-là.

Tous les élèves regagnèrent précipitamment leur place et un silence impressionnant s'installa. Le maître, pâle, monta sur l'estrade, se campa derrière son bureau et, d'une voix qui se voulait ferme mais qui laissait percevoir de légers tressaillements, demanda :

« Qui a fait cela ? »

Personne ne répondit.

« Qui ? » répéta le maître en haussant le ton. Alors Garrone, pris de pitié pour le pauvre Crossi, se leva de son banc et dit calmement :

« C'est moi ! »

Le maître le regarda, regarda les élèves stupéfaits ; puis il dit d'une voix dépourvue de toute colère :

« Ce n'est pas toi ! »

Après un moment de silence, il ajouta :

« Le coupable ne sera pas puni. Qu'il se lève ! »

Crossi se leva et dit en pleurant :

« On m'embêtait, on m'insultait, on se moquait de ma mère, j'ai perdu la tête, j'ai lancé... »

Et il fondit en larmes.

« Assieds-toi, dit le maître. Que ceux qui t'ont provoqué se lèvent. »

Quatre enfants la tête basse, sortirent de leur banc.

« Vous avez insulté un camarade qui ne vous avait rien fait, vous avez raillé son infirmité, vous vous êtes moqués de sa mère. Vous avez commis l'acte le plus méprisable qui soit. Vous êtes des lâches. »

Tandis que les enfants retrouvaient leur place, honteux et peinés d'avoir provisoirement perdu la confiance de leur maître, monsieur Perboni se dirigea vers Garrone, lui passa la main sous le menton et lui dit :

« Tu es un noble cœur. »

Ce garçon généreux avait sur nous une autorité naturelle. Un jour, notre maître tomba malade et fut remplacé par un suppléant, petit, effacé, et qui de surcroît paraissait très jeune. Dès le premier jour, il y eut du bruit dans la classe. Il ne savait que répéter « Chut !... chut !... taisez-vous, je vous en prie, soyez raisonnables... » sans jamais sévir.

Mais, un matin, nous avons dépassé la mesure. Ses paroles étaient couvertes par un vacarme assourdissant. Plus personne ne prêtait attention à lui. Le directeur vint deux fois rétablir l'ordre mais, dès qu'il avait tourné les talons, le chahut reprenait de plus belle. Garrone et Derossi essayèrent en vain par signes de nous calmer. Nous étions déchaînés. Seul Stardi, les coudes sur son pupitre, la tête dans les mains, resta à l'écart de cette agitation bruyante. Le suppléant saisissait tantôt l'un, tantôt l'autre par le bras, nous secouait..., frappait du poing sur son bureau en criant : « Silence !

silence ! silence ! », sans le moindre succès. Franti lança un avion en papier qui fut bientôt suivi des projectiles les plus divers : éponge, craie, chiffon, casquette... Pendant ce temps, d'autres élèves, transformés pour la circonstance en animaux, miaulaient, aboyaient, glapissaient ou hurlaient à la mort. C'était un tumulte indescriptible tandis que l'atmosphère s'alourdissait de poussière de craie. Tout à coup, la tête du portier surgit de derrière un nuage. Il était épouvanté comme s'il assistait à l'Apocalypse.

« Monsieur le directeur vous demande. »

Le suppléant sortit en hâte avec un geste d'impuissance et presque soulagé de ne plus être notre proie pendant quelques instants. Le tapage alla croissant... Soudain Garrone se leva le visage bouleversé et les poings serrés et cria, la voix frémissante de colère :

« Maintenant, ça suffit ; la plaisanterie a assez duré. Vous profitez lâchement de la gentillesse de ce jeune homme parce qu'il est seul, et que vous êtes nombreux. S'il vous broyait les os, et il pourrait le faire, vous seriez doux comme des agneaux. Le premier qui se fera encore remarquer aura affaire à moi à la sortie. »

On resta tous silencieux. Qu'il était beau à voir, Garrone, avec des yeux qui lançaient des flammes comme un jeune lion furieux !

Quand le suppléant revint, les yeux rougis, on entendait une mouche voler. D'abord surpris, il ne tarda pas à comprendre ce qui s'était passé. Le visage de Garrone était encore tout vibrant d'émotion. Il lui dit :

« Merci, Garrone ! »

Alors, toute la classe applaudit et le travail reprit.

Garrone prenait une place importante dans le cœur de chacun de nous.

C'était un soir d'hiver. Il faisait très sombre. Nous décidâmes Garrone, Derossi et moi, de nous rendre ensemble chez notre camarade Antonio, qui était gravement malade. Antonio, on l'appelait aussi « Muratorino », était le fils d'un maçon.

Il n'avait pas son pareil pour inventer des grimaces extrêmement drôles. Il était entre autres capable de faire bouger simultanément son nez et ses oreilles, ce qui faisait rire tout le monde et lui avait valu cet autre surnom : « Museau de lièvre ».

Il pleuvait à verse... Garrone s'arrêta dans la rue et nous dit, la bouche pleine de pain : « Que pourrions-nous lui apporter ? », en faisant sonner les deux sous qu'il avait en poche. On s'arrêta dans une épicerie pour acheter trois belles oranges. Arrivés devant la porte d'Antonio, on frappa ; le père de notre camarade nous ouvrit et nous fit entrer.

« Qui êtes-vous ? nous demanda-t-il.

– Des camarades de classe d'Antonio. Nous lui apportons des oranges, dit Garrone.

– Ah ! mon pauvre Tonino, je crains qu'il ne puisse jamais les manger, ces oranges. »

Il nous fit entrer dans une chambre où Antonio dormait dans un petit lit en fer. Au mur pendaient les outils du maçon : des brosses, une pioche et un tamis à chaux. Antonio nous apparut très amaigri et très pâle, respirant difficilement. Garrone déposa une orange sur l'oreiller tout contre la joue du malade. L'odeur le réveilla. Il prit l'orange mais la laissa retomber aussitôt et posa sur Garrone un regard vide et trouble.

« C'est moi, Garrone, dit celui-ci, me reconnais-tu ? »

Un imperceptible sourire sembla frôler ses lèvres. Garrone lui prit les mains et lui dit :

« Courage, courage, Muratorino ; tu vas guérir vite et, quand tu reviendras à l'école, tu te mettras à côté de moi, d'accord ? »

Mais Antonio ne répondit pas.

« Et s'il allait mourir, notre Tonino ? dit sa mère en pleurant.

– Tais-toi, dit le père ; tu me rends fou à parler ainsi. Repartez chez vous, les enfants. Il n'y a plus rien à faire ici. Merci d'être venus. »

Antonio avait refermé les yeux. On s'éloigna sans bruit. Le père referma la porte derrière nous. Mais nous n'étions pas encore dans la rue qu'on entendit le père d'Antonio appeler :

« Garrone ! Garrone ! »

On remonta très vite les quelques marches qui nous séparaient de lui.

« Garrone, cria le maçon, le visage illuminé par un fol espoir, Tonino t'a appelé. Voilà trois jours qu'il ne parlait pas. Il t'a appelé deux fois. C'est peut-être un bon signe.

– Au revoir, nous dit Garrone, je reste avec Muratorino.

Et il disparut dans la maison avec le maçon.

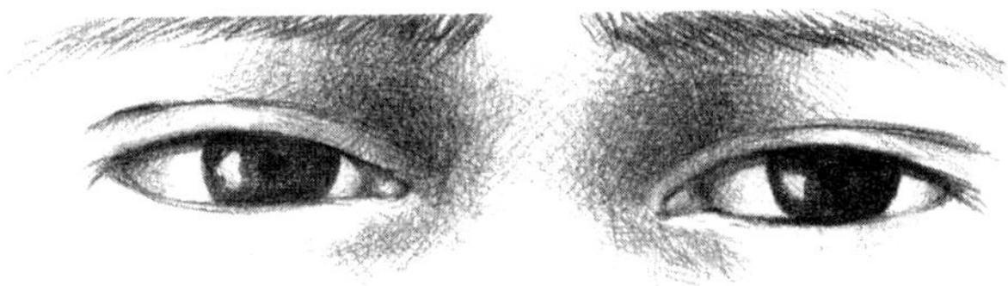

Garoffi

Garrone, Garoffi... Les enfants s'interpellent, les noms se répondent...

Drôle de personnage, ce Garoffi. Grand, maigre avec de petits yeux noirs, les poches gonflées d'objets hétéroclites à vendre qu'il dissimulait sous un long manteau noir. En classe, il était toujours en train de conclure ce qu'il appelait « des affaires » : échanges, ventes, loteries. Quand il organisait des tombolas, il voyait toujours à regret partir les lots et cherchait aussitôt le moyen de les récupérer, achetait deux sous ce qu'il revendait quatre. Mais ce qui lui tenait le plus à cœur, c'était sa collection de timbres. C'était pour lui un véritable trésor qui devrait lui permettre de faire fortune. Coretti, qui ne l'aimait pas beaucoup, pensait qu'il ne s'en séparerait à aucun prix, pas même pour sauver la vie d'un ami. Ce goût pour l'argent empêche-t-il d'avoir du cœur ? Un événement allait apporter une réponse à cette question plus vite que je ne le pensais.

Un matin que nous étions en classe, la neige se mit à tomber à gros flocons serrés, larges comme des fleurs de jardin. C'était un vrai plaisir de la voir se poser sur les vitres et s'amonceler sur les corniches. Une joie diffuse se répandit dans la classe.

Quelle belle fête ce fut à la sortie !

Nous dévalions la rue, on criait, on se démenait. On brassait la neige, on barbotait dedans comme des petits chiens fous que l'on jette à l'eau. Très rapidement nos cartables furent blancs comme les parapluies de nos parents qui nous attendaient à la sortie. Tous les élèves étaient fous de joie ; même Precossi le fils du forgeron, qui ne riait jamais d'ordinaire, avait pour un instant perdu sa mine renfrognée. Quel ne fut pas l'étonnement de notre nouveau camarade venu de Calabre qui touchait la neige pour la première fois ! C'était très drôle. Il se confectionna une jolie petite boule qu'il mangea avec délice comme si c'était une pêche.

« Vous fêtez l'hiver, me dit mon père, chemin faisant. Mais il y a des enfants qui n'ont ni vêtements, ni souliers, ni feu. Il y en a des milliers qui descendent des villages, par un long chemin en portant le morceau de bois qui doit réchauffer l'école. Il y a des centaines d'écoles presque ensevelies sous la neige où les enfants claquent des dents de froid et regardent avec terreur les flocons qui tombent sans fin, pensant à leurs maisons lointaines et aux avalanches qui risquent de les emporter. »

Il neigeait, il neigeait toujours.

Le lendemain, glissades et batailles de boules de neige s'organisèrent. Une foule de garçons dont je faisais partie envahit le *corso* et se mit à lancer des boules. Il y avait beaucoup de monde sur les trottoirs.

Au même moment, on entendit des cris de l'autre côté de la rue : « Au voleur ! Au voleur ! » et l'on vit un vieux monsieur s'élancer à la poursuite d'un gamin qui se faufilait dans la foule. Mais la chaussée était glissante, l'homme chancela et tomba à l'arrière, heurtant de la tête le bord du trottoir. Il resta quelques instants immobile, étourdi par le choc, ne voyant plus rien au-delà du confus éblouissement qui l'aveuglait. On transporta le blessé dans sa boutique – c'était un brocanteur – et on l'installa sur un vieux canapé en attendant l'arrivée d'un médecin tandis qu'un passant ramenait le gamin en le tenant fermement par le bras. S'adressant à un sergent de ville qui venait d'arriver et commençait son enquête : « Voilà, monsieur l'agent, le vaurien qui est la cause du drame ! » L'enfant, épouvanté, s'écria : « Je n'ai rien fait, ce n'est pas moi... Je n'y suis pour rien, je vous assure, monsieur l'agent... » Une foule curieuse commençait à se rassembler autour de l'agent et de l'enfant. Ne comprenant rien à ce qui se passait, je m'éloignais un peu et m'arrêtai devant une librairie où mon père venait d'entrer. C'est alors que je vis Garrone et Garoffi s'approcher de la vitrine, feindre de la regarder tandis que Garrone disait doucement à Garoffi :

« Allez, vas-y, dis que c'est toi, tu ne vas pas laisser accuser quelqu'un d'autre à ta place, tu n'es pas un lâche.

– Tu sais bien que je ne peux pas... On va m'envoyer dans une maison de correction... L'autre, on va le relâcher... Il va expliquer qu'il n'a rien fait... Mais, moi, je le voulais tellement cet album, ça a été plus fort que moi...

Je blêmis, je commençai à comprendre et à mesurer la gravité de la situation.

Garrone reprit :

« Peu importe ! tu as commis une faute grave, très grave, tu dois te dénoncer, sinon je te casse la figure. Il n'y a pas à hésiter. Allez, courage, je t'accompagne. »

Garoffi était terrorisé. Il aurait voulu disparaître sous terre.

« Viens ! » lui dit résolument Garrone et, le saisissant par le bras, il le poussa en avant en le soutenant comme un malade.

« Mon ami a quelque chose d'important à vous dire », dit Garrone à l'agent, et ils entrèrent dans la boutique du brocanteur.

Garoffi avoua qu'il avait demandé à ce gamin, qui se trouvait là par hasard, de distraire le marchand pendant qu'il s'emparerait de l'album. Et il sortit de sous sa houppelande un vieil objet en cuir repoussé, patiné par le temps, finement décoré à la feuille d'or. Le brocanteur qui avait peu à peu repris ses esprits, écoutait le garçon, l'observait, et, malgré son geste, ne parvenait pas à lui en vouloir.

« Dis-moi, mon garçon, pourquoi as-tu voulu me dérober cet album ? »

La voix de Garoffi tremblait.

« Je fais une collection de timbres, j'en ai de tous les pays du monde, j'en ai partout dans des enveloppes, dans des boîtes... et je me disais : comme ils auraient fière allure tous rangés dans ce livre... »

Il y eut un moment de silence, de gêne...

« Les choses se méritent, reprit le brocanteur... Écoute, je commence à être vieux et je suis seul à travailler ici. De temps en temps, j'aurai bien besoin d'un aide. Si tu veux... »

N'osant y croire, Garoffi s'exclama :

« Vous me feriez confiance malgré... »

L'homme le coupa :

« Il faudrait finir d'astiquer ce guéridon et le livrer chez madame Bellucci. Tu trouveras l'adresse dans le carnet noir. Vite, car nous avons pris du retard.

– Vous ne portez pas plainte ? demanda l'agent.

– Plainte ? Pourquoi ? Rien ne manque ici. »

L'agent sortit de la boutique suivi de l'autre gamin, qui s'éclipsa très vite comme s'il craignait que le vieil homme ne revienne sur sa décision.

Depuis ce jour, Garoffi passa tous ses moments de loisir chez le brocanteur, garda la boutique, astiqua, répara, fit des livraisons à domicile. Mais, ce qu'il aimait par-dessus tout, c'était discuter avec les clients quand le marchand n'était pas là et conclure des affaires.

Les mois passèrent... La veille du 23 avril – jour de l'anniversaire de Garoffi – il vit le brocanteur sortir d'une vieille commode un paquet enveloppé d'un papier brun.

« Tiens, c'est pour toi ! »

Le cœur battant, Garoffi défit le paquet et poussa un cri de joie : c'était le fameux album.

Precossi

Garrone avait pris sous sa protection Precossi, un petit garçon d'une pâleur extrême au regard triste un peu effrayé, au visage douloureux. Il était si timide qu'il disait « Excusez-moi » à tout le monde.

Bien que de santé délicate, il étudiait sans cesse. Son père rentrait toujours ivre à la maison, il le battait sans raison, faisait voltiger ses livres et ses cahiers d'un revers de main. Depuis la mort de son fils aîné, cet homme avait peu à peu délaissé son travail, sa famille, s'était enfermé dans un silence haineux dont il ne sortait que pour se laisser emporter par de violentes colères. L'alcool le rendait irritable et méchant. Souvent notre camarade arrivait à l'école avec des marques de coups sur le visage et les yeux gonflés d'avoir trop pleuré. Cependant, jamais, il n'aurait avoué que son père le battait, que c'était lui qui avait brûlé la copie que tendait le maître en renversant sa table de travail dans la cheminée. Il ne voulait pas déshonorer son père en reconnaissant qu'il faisait régner dans sa maison la terreur et la misère. Combien de fois était-il venu en classe le ventre vide, mangeant en cachette le pain que lui donnait Garrone.

Parfois, son père venait l'attendre à la sortie de l'école. Quand Precossi le voyait dans la rue, livide, les yeux hagards, la casquette de travers, la démarche incertaine, il tremblait. Il s'approchait de lui en souriant mais le père ne semblait pas le voir. Pauvre Precossi ! Il recousait ses cahiers déchirés, empruntait à ses voisins les livres qui lui manquaient pour étudier ses leçons, réparait sa chemise en lambeaux avec des épingles. C'était pitié de le voir faire de la gymnastique avec ses gros souliers, dans lesquels ses pieds nus dansaient, et sa veste trop longue, les manches retroussées jusqu'au coude.

Le maître avait l'habitude, une fois par mois, de nous raconter une histoire mettant en scène un enfant qui avait accompli un exploit qui s'était montré particulièrement courageux. Nous attendions ce moment. Dès les premiers mots, un silence complet et attentif s'établissait.

Je me souviens d'un récit qui nous avait tous profondément émus : « le Petit Écrivain florentin ». Ce jour-là, je compris la souffrance de Precossi.

Le petit écrivain florentin

C'était un gracieux Florentin de douze ans, aux cheveux noirs, au teint laiteux ; il était le fils aîné d'un employé du chemin de fer aux revenus modestes ; il avait de nombreux frères et sœurs ; aussi la famille vivait-elle dans la gêne.

Son père l'aimait beaucoup. Il se montrait bon et indulgent avec lui ; indulgent en tout sauf sur un point : le travail scolaire, pour lequel il était exigeant et terriblement sévère. Il voulait que son fils étudie beaucoup en peu de temps pour être très rapidement en mesure de gagner sa vie et celle de sa famille. L'enfant travaillait beaucoup mais son père aussi. Outre la fatigue que lui imposait son emploi, il ajoutait celle de menus travaux qu'il faisait la nuit, des travaux d'écriture en particulier. Dernièrement, il avait accepté d'un éditeur, qui publiait des revues dont il assurait la livraison à domicile, la tâche d'écrire le nom et l'adresse des abonnés sur des bandes. Parfois, au dîner, il se plaignait :

« Mes yeux s'en vont, disait-il ; ce travail nocturne finira par me tuer.

– Papa, laisse-moi t'aider, lui dit un jour son fils. Mon écriture ressemble à la tienne.

– Non, mon enfant, tu dois étudier. Rien n'est plus important que l'école pour toi. Je m'en voudrais de te voler ne serait-ce qu'une heure d'étude. C'est gentil de ta part mais n'en parlons plus. »

L'enfant savait qu'il était inutile d'insister. Mais il inventa un stratagème pour aider son père à son insu. Il savait qu'à minuit son père s'arrêtait d'écrire, sortait de son bureau pour aller dans la chambre à coucher. Chaque nuit, il attendait ce moment pour sortir de son lit, s'habiller sans bruit, aller à tâtons dans le bureau, rallumer la lampe à pétrole, s'asseoir devant la table où se trouvait un tas de bandes blanches et une liste d'adresses et commencer à écrire en imitant parfaitement l'écriture de son père. Il écrivait avec un entrain mêlé d'inquiétude. Et s'il était découvert ? Les bandes s'amoncelaient. De temps en temps, il posait la plume pour se détendre les doigts puis recommençait plein d'ardeur, tendant l'oreille et souriant. Quand il avait devant lui cent soixante bandes écrites, il se disait « une lire de gagnée » et s'il s'arrêtait, rangeait soigneusement la plume, éteignait la lampe et regagnait son lit sur la pointe des pieds.

Le lendemain, le père arrivait à table le visage rayonnant. Il ne s'apercevait de rien. Il faisait ce travail machinalement et ne comptait les bandes écrites que les jours suivants.

« Eh, Giulio, dit-il, sais-tu que ton père est encore un bon travailleur, meilleur que tu ne crois ! En deux heures, hier, j'ai fait un bon tiers d'ouvrage de plus que d'habitude. La main est encore agile et les yeux vifs. »

Heureux, Giulio pensait en lui-même : « Pauvre papa, non seulement je l'aide à gagner de l'argent mais en plus, je lui laisse croire qu'il est encore jeune. Courage donc ! »

Il continua ainsi nuit après nuit. Pourtant Giulio eut une inquiétude un soir quand son père déclara : « C'est curieux ce qu'on use de pétrole ici, depuis quelque temps ! » Mais, il n'ajouta rien de plus. Giulio, rassuré, poursuivit son travail nocturne.

Cependant, à travailler ainsi toutes les nuits, Giulio ne se reposait pas assez. Le matin, il se levait fatigué et, le soir, quand il faisait ses devoirs, il devait faire des efforts pour lutter contre le sommeil. Un soir, pour la première fois de sa vie, il s'endormit sur son cahier.

« Allons, allons, du courage ! cria son père en battant des mains, au travail. »

Giulio se secoua et se remit à écrire. Mais à partir de ce moment-là, son père se mit à l'observer, puis à s'inquiéter et à lui faire des reproches.

« Giulio, lui dit-il un matin, tu changes beaucoup, tu deviens négligent. Rappelle-toi que tous les espoirs de la famille reposent sur toi. Ton attitude actuelle ne me plaît pas. Ressaisis-toi avant qu'il ne soit trop tard. »

À ces mots l'enfant se troubla et se dit :

« Oui, c'est vrai, cela ne peut continuer ainsi. Il faut que cesse cette supercherie. »

Mais le soir même, au dîner, son père annonça triomphalement :

« Ce mois-ci, j'ai gagné trente-deux lires de plus que le mois dernier », et, disant ces mots, il sortit de sa poche un paquet de bonbons qu'il avait acheté pour fêter la bonne nouvelle avec ses enfants. Les petits accueillirent ce cadeau en battant des mains. « Dommage que celui-ci me donne tant de soucis », dit-il en montrant Giulio du doigt.

Giulio reçut le reproche en silence, retenant deux larmes qui lui brûlaient le bord des paupières. Mais, en même temps, il était pénétré d'une bien douce joie et avait décidé de continuer à tromper son père en essayant de faire plus d'efforts dans la journée pour dissimuler sa fatigue. Et il continua à travailler ainsi jour et nuit pendant deux mois. Mais il s'épuisait et avait de plus en plus de mal à résister. Son père lui parlait durement, trouvait sa paresse inqualifiable. Même l'instituteur avait noté une négligence inhabituelle : leçons pas sues, travail peu soigné, manque d'attention et d'intérêt. « C'est bien simple, il dort en classe », avait conclu le maître. Ce soir-là, le père prit son fils à part et prononça le discours le plus sévère que le garçon ait jamais entendu.

« Giulio, tu vois que je me tue au travail pour la famille. Tu n'es pas un soutien pour moi comme je l'aurais souhaité. Tu n'as pas de cœur.

– Non ! Non ! ne dis pas ça », cria Giulio. Mais il ne put continuer et avouer la supercherie comme il en avait l'intention. Son père avait déjà reprit la parole et poursuivait :

« Tu sais dans quelle situation nous sommes. Nous devons tous faire des sacrifices. Je comptais recevoir ce mois-ci une prime de cent lires au chemin de fer. J'ai appris ce matin qu'elle avait été supprimée. »

À cette nouvelle, Giulio se tut et une fois de plus garda son secret.

Deux mois encore de travail nocturne, de journées épuisantes, d'efforts désespérés du fils, de reproches amers du père.

Giulio souffrait de l'attitude de plus en plus froide et distante de son père à son égard comme s'il n'y avait plus rien à attendre de lui. Lorsque son père lui tournait le dos pour ne pas avoir à lui parler, il lui envoyait furtivement un baiser accompagné d'un regard tendre et nostalgique. La fatigue et le chagrin aidant, Giulio perdait ses belles couleurs et maigrissait. Il était obligé de délaisser ses études. Il sentait bien que cela devait finir et chaque soir, il se disait : « Cette nuit, je ne me lèverai pas. » Mais chaque soir à minuit, quand il entendait son père aller se coucher, il était pris de remords comme si rester au lit, c'était voler une lire à sa famille, et il se relevait.

Un soir, pourtant, le père prononça une parole qui fut décisive pour lui. Sa mère le regarda, et le voyant plus pâle et plus faible que de coutume, elle dit : « Giulio, tu es malade. » Et puis, se retournant, inquiète, du côté du père, elle répéta : « Giulio est malade. Regarde comme il a la mine défaite. Mon enfant, que ressens-tu ? De quel mal souffres-tu ? »

Alors le père jeta un rapide coup d'œil sur son fils et dit :

« La mauvaise conscience engendre la mauvaise santé. Il n'était pas malade quand il était un élève studieux et un enfant généreux.

– Il est malade, insista la mère.

– Peu m'importe », répliqua le père.

Cette parole fut un coup de poignard dans le cœur de l'enfant. Maintenant, il avait la certitude que son père ne l'aimait plus.

« Ah ! non ! se dit-il, le cœur serré. Maintenant je cesserai d'écrire. Je ne peux vivre sans l'affection de mon père. Je lui dirai tout, je recommencerai à travailler en classe pour être de nouveau le premier. Cette fois, c'est décidé. »

Cependant, il se leva encore cette nuit-là plus par habitude que pour toute autre raison. Quand il fut debout, il voulut aller revoir, dans le silence de la nuit, pour la dernière fois, ce petit bureau où il avait tant travaillé en secret, le cœur plein de fierté et de tendresse. Mais quand il se retrouva devant la table, la lampe allumée, qu'il vit les bandes blanches sur lesquelles il n'écrirait plus jamais ces noms de villes et de personnes qu'il connaissait par cœur, il sentit une grande tristesse

l'envahir et reprit brusquement la plume pour accomplir sa tâche quotidienne. En étendant la main, il heurta un livre qui tomba lourdement sur le sol. Et s'il avait réveillé quelqu'un... Il resta quelques instants immobile, retenant son souffle, mais il n'entendit pas le moindre bruit. La maison était endormie. Il se tranquillisa et se remit à écrire. Le silence de la nuit fut troublé par le pas cadencé de la garde civile, le bruit d'une voiture qui s'arrêta brutalement, la plainte lointaine d'un chien puis plus rien. Giulio écrivit sans s'interrompre, sans se douter un seul instant que son père était derrière lui. Il s'était levé quand il avait entendu tomber le livre et avait profité des bruits de la rue pour s'introduire dans le bureau sans se faire remarquer.

Dans un éclair, il avait tout deviné, tout compris et un sentiment d'infinie tendresse l'envahissait. Soudain, Giulio poussa un cri. Deux bras tremblants lui serraient la tête.

« Oh ! papa, papa, cria-t-il, pardonne-moi !

– C'est à moi de te demander pardon », répondit le père en le couvrant de larmes et de baisers.

Il prit son fils dans ses bras et le porta dans le lit de sa mère qui s'était éveillée.

« Embrasse notre enfant chéri qui depuis quatre mois ne dort plus pour travailler à ma place et m'aider en silence à gagner notre pain. »

La mère le serra contre son cœur. « Il faut que tu dormes maintenant », dit-elle. Le père l'emmena dans sa chambre et le borda en murmurant : « Dors, mon fils, dors. »

Giulio épuisé, s'endormit et dormit longtemps, d'un sommeil tranquille, illuminé de rêves souriants. Quand il se réveilla le lendemain matin, le soleil resplendissait déjà depuis plusieurs heures. Il sentit tout près de lui, appuyée au bord du lit, la tête de son père qui s'était assoupi à son tour, heureux de voir dormir son fils.

Pendant l'histoire, Precossi baissait la tête pour cacher son émotion. Quand le maître eut terminé, il nous sourit pour dissimuler sa peine et sortit en silence.

Malgré les mauvais traitements que lui infligeait son père ou tout simplement son indifférence, il continuait à travailler d'arrache-pied.

Un jour, un événement merveilleux se produisit. Un homme vêtu de noir entra dans la classe accompagné du directeur un peu avant la fin de la matinée et s'installa au bureau. C'était l'inspecteur venu pour remettre des médailles aux meilleurs élèves. Il nous posa quelques questions puis il remit la première médaille à Derossi. Personne ne fut surpris. Il était le meilleur, dans toutes les matières, on aurait dit que pour lui l'étude était un jeu.

Mais à qui allait-il donner la seconde ?

Nous étions tous silencieux, retenant notre souffle, le cœur battant. Il fit durer le suspense quelques instants puis annonça : « Ce mois-ci, la seconde médaille a été méritée pour son travail, sa calligraphie et sa conduite, par Pietro Precossi. » Nous nous sommes tous tournés vers lui, tous heureux de ce choix. Precossi se leva, rouge et bredouillant, ne sachant plus que faire.

« Approche ! » lui dit l'inspecteur.

Precossi se dirigea vers l'estrade. L'inspecteur regarda longuement ce visage de cire, ces grands yeux tristes. Puis, en épinglant la médaille sur sa veste, il lui dit :

« Personne n'est plus digne que toi de la porter. Elle n'est pas seulement la récompense de ton intelligence, mais aussi de ton courage et de ta volonté. »

Precossi retourna à sa place en nous jetant à tous un regard plein de gratitude. Ce jour-là, nous sommes sortis les premiers. À peine étions-nous dehors que nous avons aperçu près de la porte le père de Precossi, l'air sournois comme à l'ordinaire. Le maître le vit aussitôt et glissa quelques mots à l'oreille de l'inspecteur. Celui-ci chercha Precossi, le prit par la main et le conduisit vers son père.

« Vous êtes, je crois, le père de cet enfant, n'est-ce pas ? » demanda l'inspecteur au forgeron sur un ton très aimable ; et, sans attendre la réponse, il enchaîna : « Je me réjouis avec vous et vous félicite. Regardez, votre fils a gagné la seconde médaille sur cinquante-quatre enfants présents dans cette classe. C'est un enfant plein d'intelligence qui a l'affection et l'estime de tous. Vous pouvez être fier de lui. »

Le forgeron, qui écoutait ce discours la bouche ouverte, regardait tantôt l'inspecteur, tantôt l'enfant, qui tremblait des pieds à la tête. Soudain, on eût dit qu'il comprenait pour la première fois toutes les souffrances qu'il avait infligées à son fils. Les yeux écarquillés, son visage exprimait tour à tour l'émerveillement, une douleur aiguë puis une tendresse violente et triste. D'un geste brusque, il saisit son fils et le serra contre lui.

Les jours passèrent...

Un soir, Precossi m'invita à venir voir la forge de son père. Mon père m'y conduisit le lendemain matin. Comme nous approchions de l'entrée de la forge, j'aperçus Precossi assis sur un tas de briques en train de lire. Il se leva aussitôt pour nous servir de guide. Il nous fit entrer dans une espèce de hangar couvert de poussière de charbon, les parois hérissées de marteaux, de tenailles, de pinces, de ferrailles de toutes sortes. Dans un angle, brillait un feu sans cesse réanimé par un énorme soufflet qu'actionnait un jeune garçon. Le père de Precossi était près de l'enclume et un ouvrier maintenait une barre de fer dans le brasier. Il nous salua d'un signe de tête. L'ouvrier appuya le fer rougi sur l'enclume.

Le forgeron, levant un gros marteau, commença à frapper. Nous assistions à un véritable ballet. C'était admirable de voir, sous les coups rapides et précis du marteau, le fer se courber, s'onduler, prendre peu à peu la forme d'une feuille, d'une fleur, d'une spirale. Il façonna devant nous une magnifique volute dont il me fit cadeau. J'étais fasciné par l'habileté de cet homme.

Nous avons pris congé et nous sommes sortis tandis que nous entendions à nouveau les coups de marteau résonner sur l'enclume.

Sur le chemin du retour, mon père me dit : « Voilà un enfant qui a fait un magnifique cadeau à son père en lui redonnant le goût et la joie de vivre. »

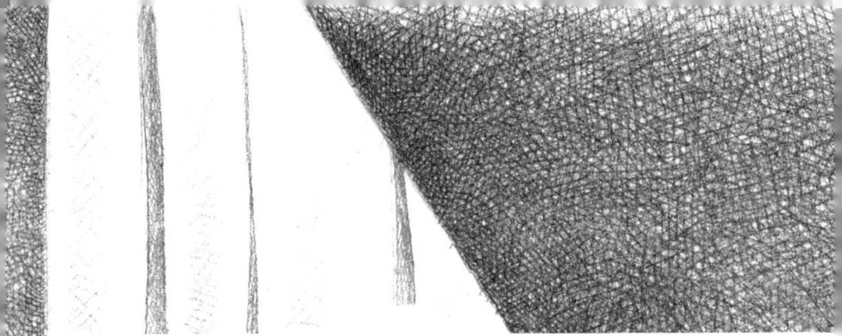

L'infirmier de tata

Il fait de plus en plus froid dans la chambre de Coretti. Enrico s'enveloppe dans une couverture et ferme un moment les yeux. Il pense à Turin, qu'il devra sans doute quitter demain sans l'avoir revu, à Coretti, à son vieux maître, monsieur Perboni, que Coretti revoit de temps en temps. Comme il a dû changer, lui aussi ! Saurait-il le reconnaître s'il le rencontrait aujourd'hui ? Enfant, il avait tant de fois regardé son visage avec confiance comme un paysage familier. Il se souvient d'une histoire que le vieux maître racontait.

« Un matin d'une pluvieuse journée de mars, vêtu comme un paysan, tout trempé d'eau et couvert de boue, un baluchon sous le bras, un jeune garçon se présenta devant la porte de l'hôpital de Naples. Il remit une lettre et demanda à voir son père. C'était un bel enfant, au visage ovale, brun, avec des yeux profonds, de grosses lèvres entrouvertes qui laissaient voir des dents d'une blancheur éclatante. Il venait d'un village des environs de Naples. Son père travaillait en France depuis deux ans. Revenu depuis peu en Italie, il était tombé malade en arrivant à Naples. Il avait eu juste le temps d'écrire une lettre à sa famille pour annoncer à la fois son retour et son admission à l'hôpital. Sa femme ne pouvait laisser le travail de la ferme et les petits. Elle envoya Cicillo, le fils aîné, muni de quelques sous rendre visite au malade.

Le portier, après avoir jeté un coup d'œil sur la lettre, appela un infirmier et lui dit de conduire cet enfant auprès de son père.

“Quel père ?” demanda l'infirmier.

Le garçon, craignant d'apprendre une mauvaise nouvelle, redit son nom. L'infirmier n'en avait aucun souvenir.

“Un vieil ouvrier... venu de l'étranger ? demanda-t-il.

– Oui, un ouvrier... venu de l'étranger... mais pas si vieux que cela, répondit l'enfant.

– Quand a-t-il été hospitalisé ?

– Il y a cinq jours.”

L'infirmier réfléchit quelques instants, puis se rappelant soudain :

“Ah ! Je sais, la quatrième salle, le lit au fond, suis-moi, je vais te conduire.

– Est-il très malade ?” demanda l’enfant de plus en plus anxieux.

L’infirmier le regarda sans répondre.

“Viens !” dit-il simplement.

Ils montèrent deux étages et, au fond d’un vaste corridor, arrivèrent à la porte d’un immense dortoir occupé par deux rangées de lits.

“Viens !” répéta l’infirmier.

Le garçon rassembla son courage et le suivit en regardant furtivement à droite et à gauche

les visages blêmes des malades. Arrivé au fond de la salle, l'infirmier s'arrêta près d'un lit, tira le rideau et dit :

"Voici ton père !"

L'enfant fut saisi d'effroi. Son père, était-ce possible ? Il était méconnaissable. Il s'approcha du lit et regarda avec stupeur ce visage enflé, d'une couleur rouge brique, avec la peau luisante et tendue, les yeux enfoncés, les lèvres boursouflées. Ses cheveux avaient blanchi, la barbe poussé. Il n'y avait guère que l'arcade sourcilière et le front qui n'avaient pas changé. Deux grosses larmes coulèrent sur les joues de l'enfant. Il caressa doucement le bras de cet homme, étendu sur la couverture. Mais le malade ne bougea pas. Cicillo essaya cependant de lui parler.

"Tata, mon cher tata, c'est moi, tu ne me reconnais pas ? Je suis Cicillo, ton Cicillo, je suis venu du village. C'est maman qui m'a envoyé. Tu ne me reconnais pas ? Dis-moi quelque chose, je t'en supplie."

L'homme ouvrit les yeux, fixa un instant son regard sur lui puis laissa retomber ses lourdes paupières et resta longtemps immobile et muet.

Cicillo n'insista pas. Il s'assit près de son père, en se disant : "Il y aura bien un médecin qui passera et qui pourra me dire quelque chose." Et il laissa ses pensées errer dans le monde des souvenirs. Il revoyait son père le jour du départ, les adieux sur le bateau d'émigrés. Il repensait aux espoirs que toute la famille avait fondés sur ce voyage, à la tristesse de sa mère quand elle avait reçu la lettre. Et, maintenant, il ne pouvait s'empêcher de penser à la mort.

Il méditait tristement quand il entendit tinter une clochette qui annonçait la visite du médecin. C'était un grand vieillard un peu voûté, au visage grave. Il était accompagné d'un assistant et de deux infirmières. Il s'approcha du lit de tata, prit le pouls du malade, lui toucha le front et, se tournant vers l'infirmière, se contenta de dire très laconiquement :

"Continuez le même traitement."

Alors, l'enfant rassembla tout son courage et demanda d'une voix à peine perceptible :

"Qu'a donc mon père ?

– Il a un érysipèle facial. C'est très grave, mais il y a encore un espoir de le sauver. Reste auprès de lui. Ta présence ne peut que lui faire du bien.

– Mais il ne me reconnaît pas, s'écria Cicillo sur un ton désespéré.

– Il te reconnaîtra... demain, peut-être, espérons !”

Le garçon n’osa pas questionner davantage le médecin qui déjà se dirigeait vers un autre lit. Sa vie d’infirmier allait commencer. Ne pouvant faire grand-chose, il arrangeait les couvertures de tata, chassait les mouches, lui prenait la main tendrement et lui parlait. L’enfant avait l’impression que le malade se laissait bercer avec plaisir par le son de sa voix, aussi lui racontait-il longuement les progrès accomplis par sa sœur, la plus jeune, ce qu’il avait appris à l’école, les menus événements de la vie quotidienne. Parfois, il observait que ses lèvres remuaient légèrement comme s’il voulait parler. Le soir, l’enfant crut même deviner l’esquisse d’un sourire. Cinq jours s’écoulèrent de la même façon avec une alternance d’améliorations très légères et d’aggravations subites. Brusquement, le cinquième jour, l’état du malade empira. Cependant, Cicillo gardait l’espoir. Malgré son état, le visage de son père exprimait un peu de bien-être et d’intelligence. Il ne voulait plus ni boire ni prendre de remède que de son petit infirmier. Son désir était parfois si net que l’enfant, à nouveau confiant, lui disait joyeusement :

"Courage, tata, courage ! Tu guériras, nous sortirons d'ici, nous retournerons à la maison auprès de maman. Encore un peu de courage !"

Le matin suivant, la fièvre sembla disparaître. Les yeux du malade étaient clairs. Il parut sourire. Cicillo le regardait ému quand il entendit derrière la porte des bruits de pas et une voix forte qui disait :

"Au revoir à tous, et merci !"

L'enfant se leva d'un bond, étouffant un cri. Un homme entra dans la salle, un gros paquet sous le bras, suivi d'une infirmière. L'enfant resta pétrifié, l'homme aussi, puis s'écria "Cicillo !" en s'élançant vers lui et en le serrant dans ses bras.

"Oh ! mon petit Cicillo, mon fils bien-aimé, répétait-il en l'embrassant. Ta mère m'annonçait ta venue dans une lettre. Je me désespérais de ne pas te voir arriver. Que s'est-il passé ? Pourquoi as-tu été si long ?

– Depuis cinq jours, je soigne quelqu'un en croyant que c'était toi, dit Cicillo en se retournant vers le lit du vieil homme. Comme je suis content ! Quels mauvais jours je viens de vivre !

– Ah ! Je commence à comprendre ; ils se sont trompés et t'ont conduit vers le lit d'un

autre, reprit le père. Tout est bien maintenant, je suis guéri. En route, ce soir nous serons à la maison."

Mais l'enfant resta immobile.

"Tu ne veux pas venir ? dit le père, impatient.

– C'est que, reprit l'enfant. Je ne peux pas. Il y a ce vieux que je soigne depuis cinq jours en pensant à toi. Je le connais maintenant. Il a besoin de moi. Il me regarde, il m'attend. Je ne peux l'abandonner.

– Brave enfant, dit le médecin qui avait assisté à la scène.

– Mais qui est-ce ? demanda le père.

– On nous l'a amené sans connaissance, le jour de votre arrivée. C'est un ouvrier qui, comme vous, revenait de l'étranger. On ne sait rien de plus."

Le père réfléchit un instant et dit en posant la main sur la tête de son fils :

"Je comprends, tu as raison. Reste encore quelques jours auprès de ton ami. Moi, je rentre à la maison pour rassurer ta mère. Nous t'attendrons ensemble."

L'enfant retourna auprès du malade et reprit son métier d'infirmier avec la même gentillesse et la même patience. Mais l'amélioration que l'enfant avait remarquée fut de courte durée. L'ouvrier était de plus en plus mal. Le soir, à l'heure de la visite, le médecin hocha la tête comme pour dire : "C'est la fin !" Cicillo le veilla toute la nuit. Au petit matin, le moribond ouvrit les yeux et regarda l'enfant pour la dernière fois. Cicillo lui prit la main. À cet instant, il crut sentir un léger tressaillement.

"Il m'a serré la main !" s'écria-t-il.

Mais le bras retomba lourdement, inerte sur la couverture.

"Il est mort, dit le médecin que l'infirmière était allée chercher. Va, mon garçon, rentre chez toi et sois heureux. Tu le mérites."

Cicillo prit son baluchon sous le lit et s'éloigna à pas lents. »

Le petit ramoneur

Les images défilent dans la mémoire d'Enrico à un rythme accéléré. Elles se heurtent, se brouillent, se mélangent. Il ne sait plus qui il a réellement connu ni quels personnages furent inventés. Tout paraît si vivant dans ses souvenirs. Cicillo cède la place maintenant à un petit ramoneur.

« Des traînées blanchâtres que les larmes avaient dessinées en délayant la suie striaient son visage. D'où venait-il ? Il était là un soir, appuyé contre un mur près de l'école des filles. C'était un gamin mince et sûrement très agile pour grimper dans les cheminées, couvert de suie des pieds à la tête, portant en bandoulière son sac, ses balais et ses raclettes. Il pleurait à fendre l'âme. Deux ou trois filles s'approchèrent et lui demandèrent :

"Pourquoi pleures-tu ainsi ?"

Pas de réponse. Elles insistèrent :

"Mais dis-nous donc ce que tu as, on peut peut-être t'aider."

Le petit ramoneur, entre deux sanglots, raconta qu'il avait durant la journée ramoné diverses cheminées pour une somme de trente sous mais qu'il les avait perdus.

"J'ai glissé les pièces dans une poche trouée. Maintenant, je n'ose plus retourner chez mon patron. Je serai battu et peut-être même chassé."

Toutes les classes étaient sorties, il y avait beaucoup de fillettes rassemblées autour de cet enfant, qui s'était remis à pleurer de plus belle : des pauvres et des riches, des grandes et des petites. L'une d'entre elles, qui avait un chapeau à plume bleue, sortit de sa poche deux sous et dit :

"Je n'ai que deux sous, mais si nous faisions une collecte ? Nous trouverons bien trente sous entre nous toutes."

Et elles commencèrent à s'interpeller. "Amalia ! Luigia ! Anima ! qui a deux sous ?

– Huit, neuf, dix, douze, quinze", comptait à haute voix la fillette à la plume bleue.

Un autre groupe arriva, les sous abondèrent. Les trente sous étaient atteints et même dépassés. Tout à coup, la gardienne de l'école accourut en criant :

"La directrice !"

Les fillettes disparurent en un instant comme une volée de moineaux. Le ramoneur resta seul planté au milieu du trottoir. Il était heureux. Il regarda, étonné, autour de lui. Dans la rue à nouveau calme, il n'y avait plus que lui et moi, resté jusqu'ici à l'écart. Il me sourit en me montrant ses mains pleines de pièces. Je m'approchai et nous fîmes vite connaissance. Il n'était à Turin que depuis quelques semaines. Messine, où il vivait avec ses parents et sa sœur, venait de subir un terrible tremblement de terre. Toute sa famille avait péri dans la catastrophe.

"Je fus sauvé par miracle, me dit-il. La veille du drame, une violente dispute avait éclaté entre mon père et moi. Pour éviter les coups, je m'étais échappé en courant dans les rues de la vieille ville et étais descendu jusqu'au port. J'avais marché le long de la corniche qui dominait la mer. Mon père avait depuis longtemps renoncé à me rattraper. Pourtant, j'avais décidé de ne pas rentrer à la maison. Je m'étais installé dans le creux de la plus haute fourche d'un pin parasol pour y passer la nuit...

Brusquement, au petit matin, de violentes secousses, un grondement de tonnerre me tirèrent du sommeil. Je me cramponnai aux branches tant bien que mal. J'étais projeté à droite, à gauche. Je tanguais. La tête me tournait. L'arbre craquait. Quel cauchemar ! Enfin, le calme revenu, je dégringolai en me laissant glisser le long du tronc. J'avais les jambes en coton. Ma tête résonnait comme une cloche d'église. Je restai un moment appuyé contre l'arbre, abasourdi. J'étais à cent lieues de deviner ce qui m'attendait.

Ce qu'il découvrit ensuite était hallucinant. Les édifices s'étaient effondrés comme des châteaux de cartes, gardant prisonniers leurs habitants. La terre était sillonnée de plaies immenses. Les rues étaient jonchées de pierres, de poutres, de barres de fer enchevêtrées. Seuls des pins, des cactus et quelques palmiers restaient debout, intacts au milieu d'un immense champ de ruines. Des survivants, peu nombreux, arrivés sur les lieux, erraient les yeux hagards, la mine défaite, ne retrouvant qu'avec peine l'emplacement de leur maison. Le garçon, devenu orphelin, suivit un groupe d'hommes qui, le cœur lourd, avaient décidé d'aller chercher du travail dans le Nord. Chacun d'entre eux espérait secrètement avoir un jour assez d'argent pour pouvoir revenir au pays rebâtir leur ville. Arrivés à Turin, ils s'étaient séparés en se souhaitant bonne chance. Le gamin, après avoir longuement erré dans les rues de la ville, s'était fait embaucher comme ramoneur. Son patron le nourrissait, le logeait et lui donnait quelques sous chaque dimanche.

"Mais alors, tu ne vas jamais à l'école ? lui ai-je demandé.

– Si, dit-il, j'y vais le soir. Les premiers jours, j'étais si fatigué que je m'endormais pendant la leçon. Alors le maître me réveillait doucement, en me chatouillant le nez du bout de la plume d'oie. Maintenant, cela va mieux. Je pique du nez de plus en plus rarement. Viens nous voir, un soir. Tu verras, nous travaillons beaucoup."

Après le dîner, une fois de plus, je repris le chemin de l'école pour assister au cours du soir. Je vis arriver le petit ramoneur, avec d'autres apprentis. Il avait troqué ses outils pour un livre et un cahier. Il n'était pas le seul à avoir envie d'apprendre. Il y avait là près de deux cents ouvriers de tous âges. Je n'imaginais pas que cela pût être aussi impressionnant, un cours du soir. Il y avait de jeunes garçons d'une douzaine d'années mais aussi des hommes portant la barbe, tous graves et attentifs : des menuisiers, des mécaniciens au visage noir de cambouis, des maçons aux mains blanchies de chaux, des mitrons aux cheveux enfarinés. Je m'arrêtai près de la porte de notre classe. Toutes nos places étaient à nouveau occupées. Sur mon banc était assis un homme à moustaches et à barbiche qui écoutait avec beaucoup de sérieux les explications de monsieur Perboni. Ce qui était drôle, c'était de voir la place de Muratorino prise par son père, cet espèce de géant mal à l'aise dans un espace si réduit, l'air vraiment malheureux. Entre-temps, Muratorino m'avait rejoint. Il fit quelques grimaces en direction de son père pour l'encourager. Il nous sourit puis se mit au travail.

Je fis remarquer à Muratorino qu'il n'y avait que des hommes au cours du soir.

"Oui, c'est vrai, me dit-il. Ma mère trouve ça très injuste. Mais qui garderait les petits ? Quand mes sœurs sont couchées, le père au cours du soir, elle nettoie soigneusement un coin de table, sort un cahier, m'emprunte mon porte-plume et apprend toute seule à lire et à écrire. De temps en temps, je l'aide. *Le meilleur moment de la journée,* me dit-elle." »

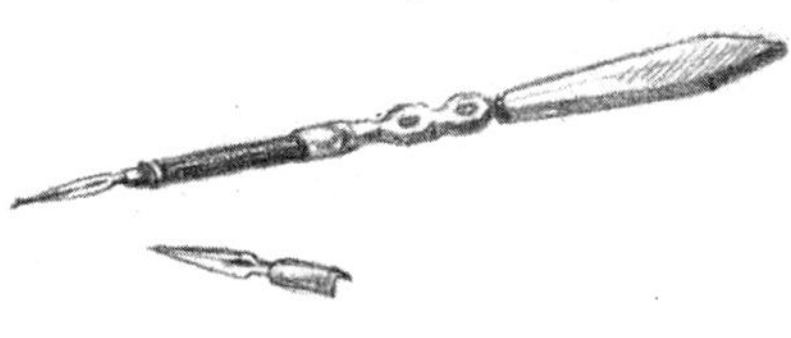

Le petit tambour sarde

« Un jeune garçon qui avait peut-être quatorze ou quinze ans mais qui n'en paraissait pas plus de douze, petit, au teint olivâtre, aux yeux noirs et profonds qui scintillaient comme deux braises, portait un uniforme, tenait un tambour dont il frappa quelques coups pour attirer notre attention.

“Nous allons interpréter devant vous un épisode particulièrement héroïque de la vie d'un jeune tambour sarde”, annonça-t-il.

Nous étions tous réunis dans le gymnase pour assister à un spectacle réalisé par les élèves de la classe supérieure. Avant que le rideau ne s'ouvre, le petit tambour fit une seconde apparition et dit :

“La scène se passe le 24 juin 1848 à Custoza, petit village de Vénétie où va se dérouler une bataille qui opposera les soldats italiens aux Autrichiens. Un groupe de soldats italiens envoyés en éclaireurs ont été attaqués par surprise et sont en quelque sorte pris au piège.

PREMIER TABLEAU :
LA BATAILLE

Quand le rideau s'ouvrit, les soldats italiens étaient barricadés dans une maison en carton, juchée sur des caisses. Ils étaient commandés par deux sous-officiers et un capitaine : un capitaine grand, sec, l'air sévère, aux moustaches et aux cheveux soigneusement couverts de farine. Ils étaient assaillis par des soldats autrichiens qui encerclaient la maison isolée. La bataille faisait rage dans un vacarme assourdissant. Une grêle de projectiles criblait les murs, faisait voler en éclat portes et fenêtres dans un nuage de plâtre et de poussière. Le demi-cercle de l'ennemi se resserrait visiblement. De temps en temps, on voyait l'un des soldats posté près d'une fenêtre, dans un ultime sursaut, se redresser les bras en l'air puis s'écrouler en lâchant son fusil.

DEUXIÈME TABLEAU :
À L'INTÉRIEUR DE LA MAISON

(Le capitaine, l'air soucieux, discute avec un sergent.)

LE SERGENT :
Nous sommes perdus si nous ne nous rendons pas. Nous sommes trop peu nombreux.

LE CAPITAINE :
Pas question de nous rendre. Il faut tenir jusqu'à l'arrivée des renforts.

LE SERGENT :
Des renforts ? D'où viendraient-ils ? Qui les enverrait ? Personne ne sait que nous sommes tombés dans une embuscade. Avant que quelqu'un ne s'inquiète, nous serons tous morts.

(Mais le capitaine ne l'écoute plus. Il griffonne un billet sur un coin de table.)

Le capitaine :
Allez me chercher le tambour !

(Le sergent sort et revient suivi du jeune tambour.)

Le capitaine :
Tambour.

Le tambour :
Oui, mon capitaine.

(Le tambour se met au garde-à-vous.)

Le capitaine :
Es-tu courageux ?

Le tambour :
Oui, mon capitaine.

Le capitaine :
Regarde là-bas.

(Il a poussé l'enfant vers une lucarne qui s'ouvre sur l'arrière de la maison.)

Ce que tu vois briller dans la plaine, ce sont les baïonnettes de notre régiment. Prends ce billet. Tu descendras par la lucarne à l'aide d'une corde que nous retiendrons. Tu courras à travers champ porter ce billet au premier officier que tu verras.

(Le tambour prend le billet, le fourre dans sa poche.)

Écoute tambour, le salut du détachement dépend de ton courage et de tes jambes.

Le tambour :
Comptez sur moi ! Ne craignez rien !

(L'enfant enjambe la lucarne et se laisse pendre dans le vide tandis que les soldats laissent glisser doucement la corde.)

TROISIÈME TABLEAU : LA COURSE DU TAMBOUR

(Le capitaine, entouré de quelques soldats, nous font vivre la course du tambour qu'ils ne quittent pas des yeux depuis la lucarne.)

LE PREMIER SOLDAT :

Capitaine, ça y est, il est en bas... Il descend la pente en courant... On dirait que les Autrichiens ne l'ont pas vu. Cours, cours, brave petit tambour !

LE DEUXIÈME SOLDAT :

Mais que se passe-t-il ?... des nuages de poussière autour de lui, regardez, il a été repéré.

LE PREMIER SOLDAT :

Ah ! les bandits, ils n'hésitent pas à tirer sur un enfant.

LE DEUXIÈME SOLDAT :

Il est à terre... il ne bouge plus.

LE CAPITAINE :

Tué, il est tué.

LE PREMIER SOLDAT :

Non, regardez, il se relève, il se remet à courir. On dirait qu'il boite.

LE CAPITAINE

Il est sauvé, ils ne peuvent plus l'atteindre maintenant.

Les soldats en chœur :
Allez, du courage, allez, cours !

(Un officier entre dans la pièce.)

L'officier :
Mon capitaine, l'ennemi, sans ralentir le feu, vient de hisser le drapeau blanc pour nous donner l'ordre de nous rendre.

Le capitaine :
Ne répondez pas !

(Il ne quitte pas l'enfant des yeux. L'enfant est enfin arrivé dans la plaine.)

Le premier soldat :
Mais va donc, mais cours donc ! Ah ! Non, voilà qu'il s'assied maintenant !

Le deuxième soldat :
Monsieur se repose.

Le capitaine :
Enfin, il repart, il est presque arrivé.

(S'adressant aux soldats.)

Soyez fermes, restez à vos postes, les renforts vont arriver.

Une voix grave avec un accent étranger :
Rendez-vous !

Le capitaine :
Jamais !

Le sergent :
Les renforts, ils arrivent, ils viennent.

(On entend le bruit des cavaliers italiens qui gravissent la pente.)

Le rideau tombe.

(Pendant le changement de décor, un soldat vient sur le devant de la scène et nous explique comment s'est terminée cette bataille.)

LE SOLDAT :

Les carabiniers chargèrent en force. Une pluie de lames luisantes s'abattirent sur les têtes des soldats autrichiens. Surpris, ils vacillèrent, s'éparpillèrent et s'enfuirent, laissant le champ libre et la maison délivrée. Nous étions maîtres de la colline. La journée se termina par la victoire des nôtres. Cette victoire fut de courte durée. L'ennemi s'était regroupé et, le lendemain, il repoussait les Italiens et les obligeait à prendre tristement le chemin de la retraite, à abandonner Milan pour se réfugier à Goito, une petite ville sur le Mincio.

QUATRIÈME TABLEAU :
L'HÔPITAL

(On est dans une salle d'hôpital installée en hâte dans l'église de Goito. Entre le capitaine qui est à la recherche de son lieutenant blessé au cours de l'assaut de la veille. Une voix faible articule quelques mots. C'est le tambour.)

LE TAMBOUR :

Capitaine !

LE CAPITAINE :

Tiens, tu es là, toi ?
Bravo, mon garçon, tu as fait ton devoir.

LE TAMBOUR :

J'ai fait mon possible.

LE CAPITAINE :

Tu as été blessé ?

LE TAMBOUR :

Ce sont des choses qui arrivent. Je serais arrivé vingt minutes plus tôt si je n'avais pas été atteint. Cela a été dur de courir après avoir reçu la caresse des Autrichiens. Je mourais de soif. Je pleurais de rage, craignant de ne pouvoir arriver. Heureusement que j'ai trouvé tout de suite un officier pour lui remettre le billet.

LE CAPITAINE :

Mais, dis-moi, tu as dû perdre beaucoup de sang pour être si pâle et si faible aujourd'hui.

LE TAMBOUR :

Oui, beaucoup de sang et...

(L'enfant ferme les yeux. Cette conversation l'a épuisé. Arrive le médecin.)

LE MÉDECIN :

Bonjour, capitaine. Vous connaissez cet enfant ? C'est un cas bien triste. Voilà une jambe que l'on aurait pu sauver s'il n'avait pas forcé d'une manière aussi folle en continuant à courir malgré la blessure. Quand on me l'a amené, l'inflammation était telle qu'il a fallu trancher.

(Le capitaine fronce ses grands sourcils blancs et regarde fixement le jeune tambour. Puis lentement, il recule, porte la main à son képi et se découvre.)

LE TAMBOUR :

Capitaine, que faites-vous ? C'est pour moi ?

LE CAPITAINE :

Mon enfant, je ne suis qu'un simple capitaine ; toi, tu es un héros !

Quand le rideau tomba pour la dernière fois, et que la lumière éclaira à nouveau la salle, nous avions tous les yeux rouges. Le silence se prolongea encore quelques instants avant que les applaudissements ne crépitent. »

Enrico se rappelle à cet instant que seul Franti avait gardé les yeux secs et sur les lèvres un sourire ironique.

Lucidité ? Pressentiment ?

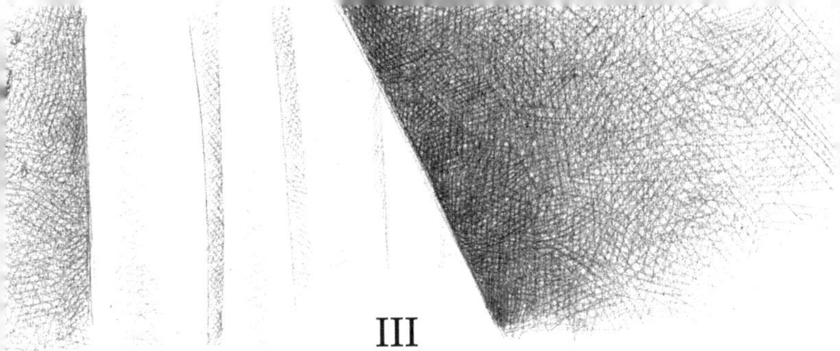

III
L'EXIL

Le jeune homme frissonne. Il ressent une grande fatigue. Quelle nuit mouvementée, peuplée de tant de souvenirs ! Il va s'abandonner au sommeil quand il entend résonner des pas dans l'escalier. La clé tourne dans la serrure. Coretti entre accompagné d'un autre homme. Enrico le reconnaît aussitôt et s'exclame : « Monsieur Perboni ! » La ride qui lui barrait déjà le front autrefois s'est creusée, deux plis d'amertume marquent les coins de sa bouche, ses tempes ont blanchi mais ses yeux ont gardé l'éclat des étoiles qui illumine ce visage plein de santé. Le vieil homme s'assied pesamment. Il sourit :

« Alors, tu te souviens de moi... Moi aussi, je n'ai oublié aucun de vous. C'est naturel, les vieux ressassent toujours leurs souvenirs !

– Mais, monsieur Perboni, interrompt Coretti, vous ne vivez pas que dans le passé !

– C'est vrai mais, quand je sors de nos réunions épuisantes, de nos discussions

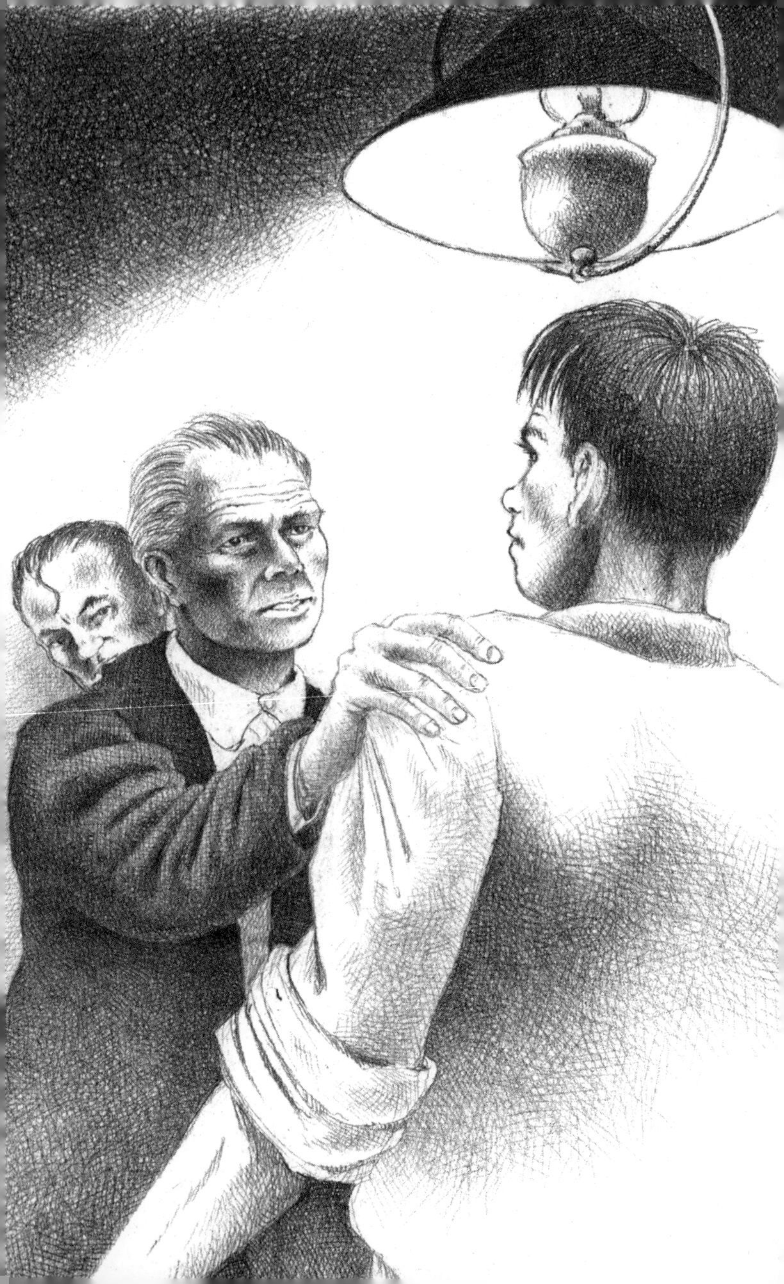

difficiles, quand je me retrouve seul dans le silence de ma chambre, je vous revois en classe, les visages pleins d'interrogations mais toujours confiants, j'entends vos cris et vos rires monter de la cour de récréation. J'avais espéré vous protéger de la folie du monde... Mais, je m'égare, ce n'est pas le moment de se laisser aller à des pensées nostalgiques... Coretti m'a raconté ton histoire. Comme lui, je pense que tu ne peux pas rester ici. C'est prendre un trop grand risque. Il faut partir au plus vite.

– Sans revoir ma famille ? demande Enrico.

– On est obligé de se méfier de tout le monde. Les gens ont peur. Les dénonciations se multiplient. Je vais te conduire chez un camarade qui te fera sortir de la ville, caché dans un camion. Il t'indiquera un chemin qui te conduira à une maison forestière. Dans la soirée, une équipe de bûcherons te rejoindra et te fera franchir clandestinement la frontière. Arrivé à Modane, tu chercheras Giuseppe le cordonnier. Il t'hébergera jusqu'à ce qu'une voiture puisse t'emmener à Paris. Là tu trouveras des amis qui t'accueilleront et t'aideront à attendre. Giuseppe te dira où et comment le moment venu. »

Enrico se lève, ému, et saisissant les mains de son vieux maître :

« Vous vous êtes donné tout ce mal pour moi. Comment vous remercier ?

– Pour toi, pour d'autres, je suis socialiste, tu sais, je l'ai toujours été.

– Allons, dit Coretti, ne perdons pas de temps, voici le jour qui se lève. »

acrimonie *(nom fém.).* Elle parle sans acrimonie : sans hargne, sans mauvaise humeur.
apocalypse *(nom fém.).* Catastrophe épouvantable, fin du monde.
arborer *(verbe).* Porter fièrement.
archéologie *(nom fém.).* C'est la science qui étudie les traces des civilisations anciennes.

bersaglier *(nom masc.).* C'est un soldat italien de l'infanterie légère ; il porte un chapeau à plume.

Calabre *(nom fém.).* Région montagneuse du sud de l'Italie, l'une des plus pauvres du pays.
calligraphie *(nom fém.).* Une belle écriture très soignée.
cantonade *(nom fém.).* Parler *à la cantonade :* s'exprimer d'une voix forte en ne s'adressant à personne en particulier.
carabinier *(nom masc.).* En Italie, c'est un gendarme.

délire *(nom masc.).* Sous l'effet de la fièvre, la personne malade, en proie à une grande agitation, délire : elle tient des propos décousus, parfois dépourvus de sens.
déserteur *(nom masc.).* Enrico refuse de rejoindre l'armée et fuit à l'étranger : c'est un déserteur.
désuet *(adj.).* Vieillot, démodé.

érysipèle *(nom masc.).* Maladie infectieuse qui entraîne l'inflammation et le gonflement de la peau.
effroi *(nom masc.).* Une grande frayeur.

fasciste *(nom masc.).* Les fascistes étaient les partisans de Mussolini. Ils recevaient une chemise noire comme uniforme.
fastidieux *(adj.).* Ennuyeux et fatigant.
Florence. Capitale de la Toscane, elle s'étale au pied des Apennins dans un paysage élégant de collines plantées d'oliviers et de cyprès. Étalée sur les rives de l'Arno, c'est une des plus belles villes de l'Italie, une des plus riches en monuments et en œuvres d'art : palais somptueux, églises décorées de fresques, musées racontant l'histoire de l'art italien.
florentin *(adj. et nom). Nom :* un habitant de Florence ; *adj. :* qui se rapporte à Florence.

fugitif *(nom masc.)*. Celui qui s'est enfui.

gorgonzola *(nom masc.)*. Fromage italien qui rappelle le roquefort, fabriqué dans le nord de l'Italie.
Gênes. Port important situé dans le nord de l'Italie, au bord de la mer Méditerranée.

hétéroclite *(adj.)* Des objets hétéroclites : des objets variés, divers, bizarrement mélangés.
houppelande *(nom fém.)*. Long manteau très ample à larges manches flottantes qui donne à Garoffi une allure de magicien.

(à l')insu de... *(locution prépositive)*. Giulio agit à l'insu de son père : sans qu'il le sache.
insolite *(adj.)*. Bizarre, étrange, qui étonne, surprend.

laconiquement *(adverbe)*. Brièvement.
lire *(nom fém.)*. Monnaie italienne.
Lombardie *(nom fém.)*. C'est une région située au nord de l'Italie, au pied des Alpes.

Messine. Ville italienne située à l'extrémité nord-ouest de la Sicile.
Muratorino. Diminutif italien formé à partir de *muratore* (maçon) et qui signifie : le petit maçon.

Naples. Port situé dans le sud de l'Italie, au bord de la mer Méditerranée et au pied d'un volcan, le Vésuve.
narguer *(verbe).* Se moquer de quelqu'un avec insolence.
nostalgique *(adj.).* Mélancolique, triste.

pacifiste *(nom masc.).* Un partisan de la paix.
panettone *(nom masc.).* Mot italien pour désigner une sorte de cake préparé à Milan, dont c'est la spécialité.
pantomime *(nom fém.).* Franti, dans sa pantomime, imite, par les gestes, la démarche, les mimiques de la mère de Crossi.
polenta *(nom fém.).* En Italie, c'est une sorte de galette préparée avec de la farine de maïs.
psalmodier *(verbe).* Réciter de façon monotone.

renfrogné *(adj.).* Maussade, mécontent, fâché.

scruter *(verbe).* Regarder avec beaucoup d'attention.
sphinx *(nom masc.).* Monstre à corps de lion et à tête humaine, préposé en Égypte à la garde des sanctuaires.
stratagème *(nom masc.).* Ruse habile (qui permet à Giulio d'aider son père sans qu'il s'en aperçoive).

tata *(nom masc.)*. C'est un mot du dialecte napolitain qui signifie papa.
tranchée *(nom fém.)*. Fossé allongé, creusé dans le sol près des lignes ennemies et qui servait d'abri aux soldats.

uhlan *(nom masc.)*. Lancier, mercenaire des armées d'Autriche, d'Allemagne, de Pologne.

LES MOTS FRANÇAIS QUI VIENNENT D'ITALIE

cavalier *(nom masc.)*. De l'italien *cavaliere :* celui qui va à cheval.
À la fin du XVe et au début du XVIe siècle, les rois de France s'en allèrent guerroyer au-delà des Alpes dans l'espoir de s'emparer de l'Italie. Nos soldats ont rapporté toute une série de mots empruntés à l'italien concernant l'armée et les armes (l'infanterie, un escadron, une escorte, une cartouche, un canon...).
fascisme *(nom masc.)*. De l'italien *fascismo.* C'est une doctrine qui vise à établir un pouvoir très autoritaire. Elle a été appliquée en Italie par Mussolini.
festin *(nom masc.)*. De l'italien *festino :* petite fête.
En France, un festin est un repas de fête copieux.
Au XVIe siècle, les rois de France ont découvert

dans les palais des princes italiens un art de vivre d'une grande élégance. De retour dans leur pays, ils veulent une cour où l'on imitera ces mœurs raffinées. La façon de s'habiller, de se comporter sont des sujets de conversation importants qui imposent leur vocabulaire. Notre langue va s'enrichir de mots empruntés à l'italien pour parler de certains vêtements, de façons de vivre (un escarpin, une ombrelle, un caprice, une escapade, un festin...).

opéra *(nom masc.).* De l'italien *opera.*

C'est une pièce de théâtre chantée avec accompagnement d'orchestre.

panache *(nom masc.).* De l'italien *pennaccio.* Cavour redonna du panache à notre armée : il lui redonna une fière allure.

salami *(nom masc.).* Mot directement emprunté à l'italien. Salami est le pluriel de *salame* qui signifiait : chose salée.

Aujourd'hui, il sert à nommer un gros saucisson sec fabriqué à Milan dont c'est la spécialité.

vedette *(nom fém.).* De l'italien *vedetta :* endroit élevé où l'on place une sentinelle.

Ici, c'est un soldat posté en sentinelle pour observer et renseigner, et non une célébrité du cinéma ou de la chanson.

TABLE DES CHAPITRES

DANS LA MÊME COLLECTION
POUR LE MÊME ÂGE

La Petite Sirène. *Hans Christian Andersen.*
La Crinière du lion. *Sir Arthur Conan Doyle.*
Les Trois Demoiselles du père Maire. *Louis Dumur.*
L'Araignée crabe. *Erckmann - Chatrian.*
Abeille. *Anatole France.*
Le Capitaine Fracasse. *Théophile Gautier.*
La Clé d'or. Contes de Grimm.
Jakob et Wilhelm Grimm.
Poésies et chansons de Victor Hugo.
La Fille bien gardée. *Eugène Labiche*
La Belle et la Bête. *Mme Leprince de Beaumont.*
La Vouivre. *Xavier Marmier.*
Le Parapluie et autres contes. *Guy de Maupassant.*
Tamango. *Prosper Mérimée.*
Les Faux Saulniers. *Gérard de Nerval.*
Manuscrit trouvé dans une bouteille. *Edgar Allan Poe.*
Les Aventures fantastiques du géant Pantagruel.
François Rabelais.
Poil de Carotte (théâtre). *Jules Renard.*
Robur le Conquérant. *Jules Verne.*
Flore et Blanchefleur.

Composition MAURY, Malesherbes.
Photogravure NUANCES GRAPHIC, Montrouge.
Impression AUBIN, Poitiers.
Dépôt légal : septembre 1987 – N° éditeur : 14139.
Imprimé en France (Printed in France) – 807254 septembre 1987.